学霸小孩养成课 1

激发孩子的学习内驱力

[日] 森田友代·著
王筱敏·译

中国经济出版社
CHINA ECONOMIC PUBLISHING HOUSE

·北京·

图书在版编目（CIP）数据

学霸小孩养成课.1，激发孩子的学习内驱力/（日）森田友代著；王筱敏译.--北京：中国经济出版社，2022.1
（全球教子智慧书系）
ISBN 978-7-5136-6670-1

Ⅰ.①学… Ⅱ.①森… ②王… Ⅲ.①学习方法-家庭教育 Ⅳ.①G791 ②G78

中国版本图书馆 CIP 数据核字（2021）第 199887 号

GAMIGAMIIWANAKUTEMO JIBUNDEBENKYOUSURUKO NO SODATEKATA
Copyright © 2012 by Tomoyo Morita
First published in Japan in 2012 by PHP Institute, Inc.
Simplified Chinese translation rights arranged with PHP Institute, Inc.
through CREEK & RIVER CO., LTD. and CREEK & RIVER SHANGHAI CO., Ltd.

著作权合同登记号 图字：01-2017-J324

选题策划	崔姜薇
策划编辑	张　博
责任编辑	葛　晶
责任印制	马小宾
封面设计	任燕飞装帧设计工作室
插画绘制	武旭彤
出版发行	**中国经济出版社**
印 刷 者	北京富泰印刷有限责任公司
经 销 者	各地新华书店
开　　本	880mm×1230mm　1/32
印　　张	5.625
字　　数	111 千字
版　　次	2022 年 1 月第 1 版
印　　次	2022 年 1 月第 1 次
定　　价	58.00 元

广告经营许可证　京西工商广字第 8179 号

中国经济出版社 网址　www.economyph.com　社址　北京市东城区安定门外大街 58 号　邮编 100011
本版图书如存在印装质量问题，请与本社销售中心联系调换（联系电话：010-57512564）

版权所有　盗版必究（举报电话：010-57512600）
国家版权局反盗版举报中心（举报电话：12390）　　服务热线：010-57512564

培养有国际竞争力的中国孩子

焦点学习法

培养有国际竞争力的中国孩子

译者序

初看到这本书,我就被作者的亲身经历吸引,家中三个孩子都是哈佛毕业的,真是了不起!翻译不同作者的文字时,就像和不同的作者在对话。如本书的作者森田女士,看文字就知道她是个干脆利落的人,难怪她能够将三个孩子都送入哈佛大学。

翻译这本书给我的最大启发,是森田女士在卷首所说的,"育儿就是什么都不做"——所谓的"无为而治",这其实深藏着大智慧。作为家长,自己首先应该是幸福的,精神面貌是积极向上的,夫妻之间是和睦的,不一味为了孩子牺牲自己追求幸福的机会。

在"全球教子智慧"书系第一辑出版后,我参加了出版社组织的育儿沙龙。在和众多家长交流的过程中,我发现很多中国家长在孩子的学习问题上存在困惑。一方面,家长苦于自己的知识储备不足,育儿时间有限,将孩子送到各种类型的学习班;另一方面,又怕孩子失去童年玩耍的时间,变成死读书的书呆子。这样的家长往往是母亲,她们一直处于这种两难的境地之中。另有一种类型的家长,完全是甩手掌柜,觉得自己小时候没怎么学习,现在混得也还不错,上什么学习班,没用!这样的家长往往是父亲,将育儿的重任交付于妻子。

我对孩子的教育一贯持一种顺势而为的态度。我和爱人擅长英语,那么有时间就教一教,孩子烦了就停下来。即使这样,我家三岁多的小娃娃英语单词量也有三五百。家里的姥姥、姥爷没事就和她一起吟诵古诗,所以孩子也会随口背诵一些。我的中学时期每个周末都在学习班中度过,众多优秀教师的讲授对我的学业帮助很大。所以,我是同意在孩子需要而且接受的时候,报一些合适的学习班的。将我家的孩子送入哈佛大学确实不是我的人生理想,但我希望在孩子的整个成长过程中,她是快乐的,而且陪伴她成长的我和她的父亲也是快乐的。

就像森田女士所说,当孩子最终长大成人,步入社会,奋力拼搏之时,才是家长能够体会到的最大的幸福吧。能够

 译者序

给予孩子必要的帮助，帮助她养成良好的习惯，是家长现在唯一能做的。所以，多吸取一些别人的好经验确实有所帮助。我在进行本书的翻译之时，总会忍不住停下来做笔记，也希望作为读者的您，能够从本书中得到启发。

王筱敏
2021 年 8 月于北京

前言

我从未对我的孩子这样说过:"你赶快去学习吧。"但是,我的几个孩子总是会自觉地坐到书桌前。他们目标明确,主动学习,不断地应对各种考试的挑战。

每当人们说起培养子女这个话题,首先想到的都是提高学习能力或者升学这类问题。但我认为更重要的是,育儿的过程是父母和子女一起享受幸福的时光。

我们夫妻二人曾经一同经营一所补习学校。因此,除了培养自己的孩子,我们还曾有机会陪伴超过 1600 名中小学生学习、生活。对于我们来说,最大的幸福就是能和很多孩子分享每天的生活点滴。后来我们决定移民美国,于是举家搬到了美国加

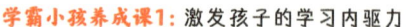

州。那时候我们俩三十多岁，大儿子十二岁，二儿子五岁，小女儿才刚满两岁。这么多年过去了，我们将年幼的孩子抚养长大，三人都顺利从哈佛大学毕业。如今他们选择了不同的职业，走上了各自的人生道路。

我认为培养孩子最重要的是父母积极的态度和饱满的精神。也就是说，家长首先应该是充满朝气的，我们要像老师一样培养孩子，然后负责任地让孩子走入社会。

如果父母平日里总是一副懒散倦怠、没有精神的样子，和孩子在一起时又总是心烦意乱、烦躁不堪的话，那我就要提醒您注意了，您的孩子很可能也会十分消极倦怠，对任何事情都毫无兴趣。如果懒散的父母口中常常发出"你快点去学习吧"这样的指令，那么孩子对学习只会产生强烈的厌恶感和强制感。在这种情况下，孩子绝不可能体会到学习的乐趣，也不可能产生挑战未知问题的热情。如此厌恶学习的孩子，他的成绩怎么可能提高呢？如果将孩子对学习的自信夺走，甚至可能使孩子失去追求幸福人生的动力和机会。另外，如果父母只是想着"我这都是为了孩子好"，而硬逼着孩子学习，当孩子希望选择与父母对他的设定不同的人生目标时，父母百般阻挠，那么这个孩子的人生不是总被父母掌控着吗？

但是，如果孩子偶尔感觉倦怠了，他们仍能看到父母在各个方面力争上游的态度，孩子又怎么会不加倍努力，更加主动地学习呢？

让孩子拥有自己的人生目标，在人生中不断迎接新的挑战。

前 言

无论结果如何,父母都要支持孩子,永远做孩子的坚强后盾,让孩子一直拥有信心,迎接自己的人生。

我们每天和孩子一起生活、努力培养孩子拥有勇气和希望。与此同时,父母也要不留遗憾地度过自己的人生。在日复一日的生活当中,家长在不知不觉之中,孩子就会长大成人,以独立的人格生活在世上。随着孩子的成长,父母也渐渐上了年纪,如果那个时候,孩子们能以积极的态度去生活,为社会贡献自己的力量,当父母看到孩子们在社会上奋力拼搏的身影时,应当就能体会到自己辛苦育儿的成果了吧。

禅中有言——"啐啄同时"是一个成语,所谓"啐"就是蛋中的雏鸟在破壳而出之时,在蛋壳中努力用嗓啄蛋壳的动作,鸟妈妈则在蛋壳外侧同时"啄"。这个小鸟破壳而出的重要时期是不容错过的。母子一心,同时将蛋壳啄破,雏鸟才得以孵化出来。

家庭教育不也是同样的道理吗?父母和孩子的步调相同,彼此有默契,会更有利于孩子的进步。在孩子成长过程中,做到"啐啄同时"是很关键的。

我希望通过这本书和大家分享我在经营补习学校时积累经验,并向大家介绍自己在抚养三个子女成材的过程中总结的方法。

第一章　不用对孩子说"快去学习吧!"

不要用家长的权威去逼迫孩子　3
让散漫的孩子振奋起来　6
拥有能够互相切磋的朋友,孩子进步会更快　9
喜欢潜心钻研的孩子乐趣多　11
跟短期集中型的孩子做好约定　15
不要让刻苦学习的孩子太拼命　17
尽早采取措施,帮孩子提高做题效率　21

学霸小孩养成课1：激发孩子的学习内驱力

第二章　为孩子创造"想要学习的氛围"

让孩子感受到学习氛围的方法　*25*

一定要支持孩子的选择　*30*

一定要让孩子感受到学习的必要性　*33*

为孩子制造更多的选择机会　*36*

手记： 父母可以充满期待地为孩子加油　*38*

让孩子自己确定目标　*40*

孩子才是社会的未来　*43*

"你难道又要放弃了"这样的责备只能起到反作用　*45*

手记： 经过一次又一次的尝试，就能发现真正的兴趣了　*47*

努力学习，永远不会太早　*49*

不去尝试怎么会知道行不行呢　*52*

失败乃成功之母　*54*

手记： 战胜失败，就能向下一个目标发起挑战　*56*

让孩子见识最好的东西　*57*

手记： 对于孩子认为"最棒的事"，家长要及时响应　*60*

让孩子充满挑战的热情　*62*

我对东西方学习意识的差别感到震惊　*65*

第三章　激发孩子的学习热情

创造每个人能够畅所欲言的和谐家庭氛围　*69*

允许孩子成为孩子　*72*

手记：趁孩子还年幼，要教会他的事　*75*

让孩子坚定地认为"我的父母是最棒的"　*77*

看到父母的笑脸是孩子最高兴的事　*80*

父母不要牺牲自己的生活　*82*

手记：和孩子一起转换心情　*85*

父母越自信，孩子越快乐　*87*

在孩子青春期，父母要成为孩子的好朋友　*89*

手记：和朋友竞争，共同进步　*93*

在孩子成人之际，要做好父母　*95*

要为孩子描绘将来　*99*

父母不可能一辈子守护孩子　*100*

第四章 促进孩子成长，父母需要掌握的交流技巧

了解孩子的个性，发挥孩子的特长 *105*

手记：让孩子拥有别人没有的特长 *107*

决定的事情尽可能不反悔 *109*

孩子的叛逆期是父母的机遇期 *112*

夸也好、骂也好，孩子都会成长 *114*

不能让孩子有"我这样做，你会生气的"想法 *119*

补习班不是"保险箱" *121*

对性格不同的孩子，要有不同的语言艺术 *124*

让孩子学会扬长避短 *126*

不把父母时代的价值观强加给孩子 *129*

父母的陪伴是最好的教育 *131*

每个孩子都有自己的处世方式 *134*

具备特长和实力的人才，更符合社会需要 *137*

手记：学历的意义有所改变 *140*

第五章　让孩子树立自立心的方法

让孩子海外留学　*143*

让低头的孩子扬起头来　*148*

努力的人都是脚踏实地的　*151*

手记：鳄鱼也能做主角　*154*

活到老，学到老　*156*

结语　*160*

第一章

不用对孩子说『快去学习吧！』

不要用家长的权威去逼迫孩子

家长首先要了解每个孩子的个性。尽量不要对孩子下命令："你要这样做！"应该进行启发式的询问："你打算学什么？怎么学？"

我的三个孩子——大儿子、二儿子和小女儿，都是哈佛大学研究生院的毕业生。我其实对这样的结果也很吃惊，因为我的孩子们既没有不眠不休地终日学习，也没有彻夜通宵地准备考试，可他们却能够完成大量的课题研究，最终顺利毕业。说实话，我的这三个孩子都不是特别喜欢学习的人，我也一直没发现他们有什么得天独厚的才能，他们几个反而比别的孩子更贪玩。

当我回到日本之后，最常被人问到的就是："你到底是怎么培养孩子的？"我总是如此回答："我其实也没怎么特别地培养。"但听的人总是不肯相信："那怎么可能呢？"因为大家总是觉得，我肯定是进行了什么特别的教育，所以我的孩子们才会取得如此优异的成绩。

但我总不能说谎吧,我确实是没做过什么特别的事情。如果仔细回顾一下我的育儿经历,一定要总结经验的话,那就是**虽然我并没有刻意地培养,但总能让孩子们对所做的事情充满兴趣。**

我的一句"什么也没做"容易招来种种误解。如果换一种简单的说法,就是并没有使用家长的权威去逼迫孩子。**当孩子们没有感到被强迫时,往往会产生想挑战困难的意愿。**这一点基本上是我家的风格了,我和丈夫以及孩子们,一直以来就是以这种方式看待学习的。

随着孩子们一天天长大,他们上小学、初中,然后升入高中,之后考入大学,再之后就是找工作,谈恋爱……在孩子人生中的这些重大的节点上,我和丈夫从未这样要求他们:"你们必须这样做!"也从未按自己的想法决定他们成长的道路。不仅如此,作为父母,我们从未替孩子选择他们前进的道路,也从未在孩子学习这件事上说过:"你得快去学习!"甚至也从未说过:"你必须这样学习!"我们做的是教给孩子们学习方法。

另外,我们也从未将三个孩子进行过比较。比如,我们从未对孩子说过:"你看看你哥哥是这样做的,你也得赶紧学着做(或者不要学着做)。"虽然,小一点的孩子们有时也会模仿哥哥的做事方法,但是更多的时候,他们有各自的主意,总按自己的意愿行动。三个孩子之前倒是经常会互相学习。他们很容易受到同辈人行动的影响,彼此帮助,逐渐成长。

对于每个孩子来说,在学校时学科的选择、搭配,将来职业的选择方向,甚至每个人在考试前夜的学习方法都是非常不同的。我打算按照年龄的顺序,分别向大家介绍一下我家这几个孩子的情况以及我和孩子们相处时的感受。我想,其实我们每个人对于教育本质的认识都有相似的地方,所以您家的孩子与我家的这几个孩子,可能会在某些地方有类似之处。

每个孩子有自己的特点,也有独特的个性。**所以,请各位家长尊重孩子的特点和个性,引导他们朝正确的方向前进,守望孩子的成长吧!**

让散漫的孩子们振奋起来

要通过环境的改变来激发孩子做事的热情,无论是学习还是做任何事,都让孩子觉得努力拼搏、挑战难题是令人愉悦的。

当初我们移民美国时,我家老大刚满 12 岁,是一名小学六年级的学生,在一所普通的公立小学读书。

日本和美国新学年的开始时间不一样,美国的新学年是从每年九月份开始的。所以,当时大儿子作为一名初中一年级的新生,到附近的一所公立初中插班就读。后来,他高中上的是位于西海岸的一所知名的私立学校。在上大学时,他立志要成为一名政治家,于是,上了加利福尼亚大学(UC 伯克利学院),攻读政治学专业。

之后,大儿子放弃了成为政治家的志愿,开始对教育事业感兴趣。在同时被哈佛大学研究生院和哥伦比亚大学研究生院录取后,他选择了哈佛的教育工学。我觉得他之所以做出这样的选择,可能是由于他从小就比较擅长数学,而那时刚好是 IT 时代的开端,因此,他想从事网络教育等新兴教育方式的创业工作吧。

其实，大儿子原本是个悠闲散漫的孩子。但随着我们移民美国后，因为整个生活环境发生了巨大变化，这孩子的生活态度也改变了。在赴美之前，他凡事都靠父母做主，自己轻松自在。一来到美国，在他的心中，学习要依靠父母的这个想法就改变了。大儿子发现，原来自己的父母也只说着半吊子英语，比他小的弟弟妹妹更不会说英语。他要想说好英语，就得完全依靠美国的朋友和老师，并且需要自己努力学习。否则的话，没有人辅导他，也无从参考他人，大儿子以前闲散的作风势必要改变。

如此这般，原本散漫的大儿子开始发奋读书。他做事甚至比我们都要出色，就连一些非常小的事都要亲力亲为，万事不求人，在不知不觉中就变成了一个非常积极主动的孩子。对于大儿子来说，还有一个特别的"助攻"，就是他最喜欢的足球运动。**其实在任何年纪，当孩子遇到挫折时，他的兴趣和爱好都能成为支撑他的力量。所以，家长不要觉得学习以外的爱好是多余的，就让孩子尽情享受他喜欢做的事吧！**

当大儿子从哈佛大学研究生院毕业之后，又去英国的剑桥大学攻读博士课程前期，毕业后回到了美国，获得了哥伦比亚大学研究生院的奖学金，继续进行深造。之后，他回到日本在东京大学工学部的博士课程中学习。工作后，他身兼企业职员和大学教授数职，并开始创业。

当我回顾大儿子的成长道路时，从父母的角度来说，会觉得他有些一味追求学历,这可能源于我们经常鼓励他挑战各种考试,支持他追求不同的学习经历,容许他做自己喜欢的事。所以,无论什么时候、什么年纪,他都勇于挑战,做自己喜欢的事情,于是,成就了自己所有想做的事。这就是我们家对孩子的教育方式,无论好坏,都让老大能从容地扎根其中,逐渐成长。

拥有能够互相切磋的朋友，孩子进步会更快

我们家老大其实是一个很会开发周围资源的孩子。他很擅长聆听来自朋友的好想法、总结自己的经验，又能和朋友一起提炼出应试的小对策。他常常和众人一起合作，征集各种各样的意见，然后再斟酌，总结出重要的知识点，也就是考试必考的考点，然后以此为基础，有重点地进行学习。

如果您家里的两个孩子年龄相差很多，那么，其实每个孩子都像独生子一样，容易因父母的溺爱而沉沦。**如果孩子能有一个同龄好友，可以一起切磋问题、共同琢磨，就会更安心地学习，更畅快地运动。有朋友的陪伴，做什么都是快乐的。如果这个朋友很有上进心，孩子自己也愿意努力，就能成为能力相当的伙伴。**

当孩子小的时候，常常会在家里和朋友一起扮演电视中的各种漫画形象。但逐渐长大之后，孩子会更倾向去户外，和喜欢的朋友一起进行体育运动。

对于我家老大来说,他赴美之前并没有和朋友一起学习的经历。但进入美国学校之后,看到大家努力学习的样子,他也慢慢开始醒悟了。其实在家里,我们对于孩子的学习没有什么好的启蒙,所以老大对于学习的兴趣发现得很晚。当老大对学习产生兴趣之后,无论是上高中、上大学,还是考研究生,他都充满着挑战的欲望。

作为家中的老大,他上面并没有可以参考的哥哥做榜样,也没有受到父母的强制,要求他必须好好学习,他对于学习的感觉,并不见得是喜欢,更像是在享受一种游戏通关的乐趣。因此,即使在学习最紧张的时候,大儿子仍能抽出时间,和朋友进行体育比赛,还能四处旅行。如今,他成为社会人之后,也会时不时地说起,总有一天我还是想回到大学读书。我想,他是真的非常愿意学习的。

喜欢潜心钻研的孩子乐趣更多

孩子一旦沉迷于某件事,是很难停下来的。如果能将运动和学习结合起来,让它们都成为孩子喜欢的事,那么,就能够发挥更大的作用了。

对于我家老二来说,我的育儿方式其实没什么变化,但老二和老大的性格完全不同。二儿子常常会沉迷于某件事,然后埋头其中,潜心钻研。不像有些孩子对各种事物都感兴趣,各方面的知识都涉猎一些,我家老二更倾向于朝着一个方向,埋头苦干。由于他个性如此,所以做事通常不会犹豫,很少分心。无论做事还是做工作都是这样,二儿子总是会立刻抓住重点,然后单刀直入地一干到底,最后干净利落地结束。作为家长来说,看我家老二这种处事方式,真是怎么也看不够啊。二儿子小的时候几乎很少待在家里玩玩具,总是跑到外面和很多朋友一起玩耍。

我家老二并不像老大那样乐于挑战新鲜事物,而是会为沉迷的事情刻苦钻研。有时候我觉得有必要打断他,让他暂

停一下去做点别的事。但是,一旦父母打断他要做的事,也就相当于打断了他的快乐,他会将学习和工作都暂停下来,驻足不前。由于父母的培育方法不同,孩子将来的生活方式也会有很大不同。因此,父母需要考虑每个孩子的个性,将他的兴趣和学习相结合。

我家老二虽然出生于日本,不过他的生活习惯和对事物的思考方法是渗透着美国风格的。因此,从好的方面来说,他做事总是遵循有事说事、有理讲理的原则。我们总能看到他即使和对手刚刚进行了激烈的辩论,也能在之后马上笑脸相对,随意打闹。

在美国,即使两个人打了一架也不会一直记仇,甚至老死不相往来。大家几乎都是以自我为中心的,对别人的事情很少容忍。其实作为一家人来说,兄弟姐妹之间或者孩子和家长之间也会偶尔吵吵闹闹,但是大家都不会怀恨在心。即使偶尔两个人大吵一场,过后还是能如平常一样地生活、聊天。因为大家都不记仇,所以不会心生怨恨,关系也能很快缓和。

有时候我发现日本的孩子们一旦和家长或者同学吵架了,再修复关系就比较难。孩子可能因此变得不想学习,甚至还会引发令人意想不到的悲剧。对于孩子来说,如果朋友之间的关系恶化了,可能在学校都无处立足了。我家的这几个孩子在美国这种社会氛围里成长,即使吵了嘴、打了架,也会立刻和好,不会留"尾巴",所以孩子们很少有相处的烦恼。

我家的老二和老大一样,他们在本地的公立学校上的小学和初中，在私立学校上的高中。老二十分热衷体育活动，高中还参加了足球队，他们这个足球队可不是闹着玩的，每个队员都是以成为职业足球运动员为目标的。他当时的两个队友最终也成了职业运动员，代表美国参加国际比赛。

老二大学就读于加利福尼亚大学圣地亚哥分校（UC 圣地亚哥）的生物学部脑神经科。我想他是因为想治愈运动员的伤病，所以才走上医学道路的吧。

因为我家这三个孩子上的都是学费昂贵的私立高中，所以当老二能够考上这所学费便宜、环境优美的州立大学时，我真是感到十分庆幸。在这之后，老二又继续在 UC 圣地亚哥大学研究生院的医学部进行硕士深造。在这期间，他一边执教于脑神经学专业学部，一边在大学医院的急救医疗科兼职。老二最终选择了与老大不同的人生道路。老二打算在毕业后继续进入医学院学习，但同时考虑是否要回到日本。在获得日本庆应大学医学博士的入学通知，几乎办完全部的入学手续后，他最终还是选择了哈佛大学的研究生院，留在了美国。

这个选择对于老二来说是重大的人生转折点，从哈佛大学研究生院毕业后，老二打算进入医疗学校，但由于没赶上招生时间，他就随我们夫妇二人回国了。老二在日本的会计师事务所就职后，为了补充对于商务知识的学习，他又读取了哈佛大学以教授法为基础的分析师培训课程，得到了商务分析家认证。

我想，**像我家老二这样个性开朗、为人善良的孩子，与其在他孩提时代就给他很多人生选择，倒不如适当地为他做一些**

人生规划。因为随着孩子的成长，会受到越来越多周围的影响，孩子选择的范围也会越来越大。孩子最终选择的人生道路，可能与父母预先设想的完全不同。

性格温柔的孩子，常常会受父母、兄弟、老师、朋友或熟人等这些自己喜欢的人的影响，会为了满足他们的期待和信任行事，这些孩子也很容易因别人的期待而左右自己的选择。因为他们的个性里没有顽固的成分，不会万事以自己为中心做出决断。他们常常会因顾虑周围人的感受而自我忍耐。对于这样的孩子来说，如果把他们放在一个专业性很强的领域，他们常常会毫不犹豫地埋头钻研。比如，他想成为一名医生，那么一旦这个目标定下之后，他就能全心全意地在这方面学习。

其实，**父母应该尽早地和孩子聊一聊他将来的规划，然后按孩子自己选择的道路，培养兴趣，寻找机会，这样做可能更有效。**

跟短期集中型的孩子做好约定

我家老二是那种能在短时间内立刻全神集中型的孩子。他会把自己认为没有必要的东西坚决舍弃，果断地指出"这个才是我想要的"，然后将所有注意力集中在他认为最重要的地方。总的来说，他的特点是意志力、决断力很强，喜欢游戏、精神饱满的孩子。

对于这样的孩子，如果家里能和他做出一个彼此了然的约定，可能会更有效率。例如，我会告诉他："咱们家今天晚上6：30吃晚饭，所以你5：30就得回家啊。如果你在学校没有做完作业的话，就不能早点回家对吧，那就有点遗憾了，要是能早点做完作业，就能一直玩到晚饭前了哦。所以一定要注意准时哦！"虽然我没有和他直接说起学习的事，但是有关吃饭的时间啦、照顾妹妹啦、遛狗喂食啦，这些小事情都可以和他做好约定，让他彻底执行。

听了这话，我家老二在头脑中就开始盘算了："要是不能准时在6：30吃饭的话，会影响哥哥和妹妹，这可不行啊。""只要提前完成作业，就能在饭前玩一个小时。那我可得先把作业完成好了！"然后他会集中精力，在学校就把全部课后作业完成，一回家就告诉我："我所有的作业都已经写完了，晚上6：30回家就行啦！"然后就精神饱满地飞奔出去玩啦。

老二逐渐养成了这样的习惯，**只要事先给他设定一个结束时间，或者完成目标，把任何工作交给他，他都可以专心做好。**他会在时间允许的范围内快速完成任务，而且处理能力很强。这就跟我们家老三不同，老三的特点是能拖则拖，她总嘀咕着："过一会儿再慢慢做吧！"虽然老二处理事情不见得完美，但是效率极高，尤其碰到考试或者其他短时期内的测试，总是能很快地完成。

不要让刻苦学习的孩子太拼命

严肃认真并不见得是最重要的要素,拥有强大的忍耐力、持续力和意志力,也可以实现梦想。

我家老三从两岁开始就到美国生活。从她懂事开始,就喜欢看着英语歌词唱英文歌曲。因此,虽然小女儿的出生地和国籍都是日本,但骨子里却是一个地地道道的美国孩子。她既喜欢体育运动,又喜欢唱歌和舞蹈,对文体的兴趣很浓厚。

老三是我家最小的孩子,她做事十分认真,但不算是个精明讨巧的人。每次考试前,她会准备新的铅笔和新的笔记本,然后说:"好啦!可以开始了!"她会仔细阅读每份学习材料,做好分类。教科书上的考试范围,她也会用马克笔一一标注重要的部分,然后分门别类地重点记忆。别人要是学习五个小时的话,我家老三可是那种会花十个小时学习的类型。

虽然她的能力很强,但是也不能让她过于拼命,所以作为父母,我们常会规劝她:"你已经很努力啦,结果已经不重要啦!"我现在想想,这句话算是我们对小女儿说得最多的一句话了。我觉得小女儿的这种优秀的忍耐力和持续力，可能来自祖母的影响。孩子们的祖母是一个特别爱干净、爱劳动的老太太。她在50岁的时候辞去大学的工作，现在已经89岁高龄了，仍然每天在我家帮忙。无论是洗衣服、打扫卫生，还是照顾大家吃饭，她总是忙得不亦乐乎。不管自己身体怎么疲倦，祖母都坚持每天给年幼的孩子们洗澡，是个特别能干的老太太。

我们家小女儿和两位哥哥从小学、初中到高中都在同一所学校学习，大学也和老大一起在UC伯克利大学，毕业后进入了哈佛大学的研究生院，希望成为一名教育工作者。同时，她还拿到了州立法学院的奖学金，所以这个时候她也可以选择成为一名律师。美国和日本的大学教育方式是不同的，每个学生在大学毕业后，会以一个专业为目标，分别去上法学院、医学院或者商学院，读取各个领域的硕士课程、博士课程，最终成为一名专业人士。

小女儿在研究生院学习的时候，还是十分向往成为一名律师的，这是她童年时期最憧憬的三个职业之一，另外两个职业是教师和秘书。她从哈佛毕业之后，马上进入科罗拉多大学的法学院进修。其实，无论是哈佛教授还是我们做父母的，都觉得她在应试之前应该休息一年左右，但她说要是一停下，可能就把功课放松了，她希望能像哥哥一样一鼓作气地学习下去。这所位于美加边境的法学院好像非常称小女儿的心，她说那里和她从小的生长环境很类似，城市的景色美丽，学业也十分繁重。经过三年的学习，她在二十五岁的时候毕业，与一家法律事务所签署合同，又通过了律师考试，终于成为一名新人律师。

我家小女儿在小时候就说过这样的话："我们家里所有的女性都不是家庭主妇，都有工作。**女人一定要有自己的事业，心理才会更强大。**"我的母亲也一直作为一名国家公务员，在一所大学里工作了很多年。我在和丈夫结婚之前，一直在一所高中任英语教师。

现在，我家老三已经作为一名律师出道了，她还通过自由恋爱决定了自己的婚姻，在自己的人生道路上迈出了新的一步。作为一名女性，她独立、自强、自信，一向是自己选择自己的人生，让人可以依靠。另外，作为母亲，我也很高兴总听她在电话里说："你们可要早点回到美国哦！"对于小女儿来说，从小长大的美国才是她真正的主场吧。但是，如果她感觉在美国的生活有些疲倦的话，那么，我们在日本的家一定会给予她帮助的。**我有一个育儿理念，就是无论在哪里，都要以家庭这个整体来守护孩子。**

不用家长督促,自觉学习的孩子,能够享受更多乐趣。

尽早采取措施，帮助孩子提高做题效率

我家老三非常擅长参加学校的考试，尤其是那种范围确定、重点明确的考试。因为她总是能够刻苦钻研，领会书本中的内容，并能够理解里面的深意。这样考试时无论怎么出题，她都能游刃有余。只是，当她面临那种没有范围限制、题量很大的入学考试时，就显得不那么得心应手了。每次碰到这样的考试，她总是掌握不好时间，有时候答不完题。**对于这种类型的孩子，家长应该早下手，让她尽早扩大知识范围，提高做题效率。通过反复练习，让孩子在平时就适应逐渐增多的题量，这样她的学习效率会越来越高，自信心也就越来越强。** 到了高年级的时候，便能够不慌不忙，踏实学习。

这种类型的孩子总是遵循自己的节奏，不容易被别人的言行左右，任何问题都能够独立思考。

第二章

为孩子创造「想要学习的氛围」

让孩子感受到学习氛围的方法

不要错过孩子发出的"喜欢"信号,当看到孩子感兴趣时,家长要及时鼓励:"你一定能够做到,绝对没有问题的,要有自信哦!"

有时候,家长即使不说:"你快去做这件事!"孩子一旦发现了感兴趣的东西,或者觉得这件事自己必须要做,也会自觉自愿地去做。如果换个角度,站在父母的立场上,就是要为孩子创造一个适当的学习环境,让孩子在环境的影响中自然而然地想要学习。

另外还有一件很重要的事,就是孩子自己能否形成"那种气场"。我在家里常说一句话:"只要你想做,就什么都能做得到!"这些事不仅限于学习,体育、音乐和其他兴趣爱好都是一样的。"我什么都能做得到哟!"这句话就好像有魔法一样。当听到三个孩子这么说时,我就知道他们已经形成"那种气场"了。

有的孩子可能一时找不到自己感兴趣的东西,这个时候,

父母应该帮孩子思考一下,有什么能够激起孩子的兴趣,有什么比较适合自己孩子的个性。**家长可以适时地让孩子去尝试一些新鲜事物,如果效果还不错,就不要错过这个好时机**。所以,各位家长,请给孩子创造这样的环境试试看吧。

如果您家孩子不太喜欢学习,那么,即使家长硬给买一大堆解题集和练习册,可能也是徒劳的。如果您家孩子很喜欢和朋友一起玩,那么,不如请他的朋友一起来家里做客。在家里,大家可以一起玩猜谜游戏,还可以设一些点心之类的小奖品。在这些猜谜游戏中,逐渐增加一些汉字、数学或者英语单词之类的内容。如果孩子正处于小学低年级,正好可以一边玩,一边学。既有奖品,又有乐趣,孩子会觉得是在做游戏,非常有意思。如果能够利用教学扑克牌,就可以一边做游戏,一边记住国家的名字和历史人物的名字。这样的游戏每天即使做 10 分钟也可以,还可以叫上家里人一起参与。

做这样的练习对于孩子来说并不是一种义务,而是从心底里享受的一个游戏。如果您家的孩子总是蹲在电视机前面发呆,不如对他说:"来来来,快给妈妈帮忙,我要减肥呢,陪我一起做运动吧!"然后,母子俩一起拿上球,去公园里疯上一会儿。

很多时候,**家长与其冥思苦想:"我怎么做才能调动孩子的积极性呢?"倒不如在每天的生活中,自然而然地为孩子创造培养兴趣的机会。当孩子对某个事物表现出一点兴趣的时候,家长不要错过这个信号,要趁机为孩子创造更多选择**。如此这般,

第二章 为孩子创造"想要学习的氛围"

孩子的兴趣就会得以持续，而且可以逐渐加深。

我们家老三将律师作为目标的契机是一件非常平凡的小事。在她还是小学生的时候，有一次全家坐在一起看电视。某个电视广告里出现了一位美女，她身着得体的黑色西装，在现代化的办公大厦的走廊里飒爽英姿地走路，高跟鞋的"嗒嗒"声回响在楼道里。这样的场景非常帅气，我家小女儿看着看着忽然说："我也想变成这样，穿着高跟鞋走在大厦里面。"我闻言心想，看来我家女儿以后也会和我一样，成为一名职业女性。于是，我立刻接话："这个样子可真帅气，这个阿姨的工作可能是秘书，或者是学校里的教授，再或者是一名律师。"随着我们聊天地深入，女儿的想象不断地发散开去。

之后，刚好有一部新电影上映，主角正是一位哈佛毕业的年轻女律师，于是我们全家一起去电影院观看。在电影院的大屏幕上，我们看到了一个比电视广告中更年轻可爱的女孩，她从哈佛大学毕业，积极地从事律师这个职业。同样，她的高跟鞋"嗒嗒"作响，飒爽英姿地大步向前。当我们离开电影院时，女儿的眼中闪耀着光芒："真是太帅了！我也要变成她那个样子！"可能就是从那时起，女儿的心中隐隐地对将来的职业、自己的形象充满想象。

我们一直告诉她："只要是你想做的，就一定会成功。"因此，女儿也坚信"我一定会成为一名女律师的"！我想这一点是肯定的。

我们家老三是从高跟鞋开始憧憬律师这个职业的。因此，**当**

发现孩子展露出对某方面的兴趣时,家长及时的反应是有重要意义的。即使我们每天对孩子耳提面命"你得做这个,你得做那个",如果孩子不感兴趣也只会左耳朵进右耳朵出。其实咱们成年人不也是这样的吗?如果我们被强迫"你去做这个,做那个",心里就会反感,越被强迫就越不想做。因此,最好的方法是让孩子自己动心思,知道"我想要做什么"。当孩子产生了这种意识,就会充满干劲儿,自己主动开始学习。这个过程可能是按以下这种顺序发展的:

"我能够记住想记的东西,真是高兴啊!"

↓

"因为我觉得高兴,所以记得特别快,和其他的孩子相比,我的能力非凡!"

↓

"我去上学,就能学到更多了,真高兴啊!"

↓

"我越来越喜欢学习啦,即使爸爸妈妈不督促,我也能自己学习。"

有的家长认为,想要培养肯学习的孩子,就要每天督促"你得学习啊"。他们以为这是个捷径,但其实是最绕远的弯路。只是绕远倒还好,有可能是越行越远,偏离了方向。其实,无论家长费多大力气,花多少时间,能让孩子形成学习的意识,产生学习的动力,才是最有效的道路。

其实,这种方式不仅适用于学习、体育运动或者音乐,还适用于任何方面的兴趣爱好。**当孩子对某件事产生了兴趣,就能以此形成做事的力量,通过不断加强练习,对自己喜欢的事精益求精,以后会有更大的舞台和更快乐的事等待着他。这件事,请各位家长一定要传递给孩子。**

一定要支持孩子的选择

每个孩子都会有喜欢做的事情和感兴趣的事情,如果家长能将这些与孩子未来的生活联系起来,就能够激发孩子们做事的热情了。

"你赶快去干这个吧!""你快点去学习吧!"其实家长没有必要把这些话挂在嘴边。家长倒不如让孩子体会到,他们通过自己的努力未来会变成什么样子?所谓的未来,具体来说,就是孩子长大成人之后,希望从事怎样的职业。因此,家长可以在平时聊天的时候,无意地引起这样的话题:"等你长大了之后,想做什么样的工作啊?"

"你以后想做什么样的工作呢?"当父母同孩子展开这样的话题时,就可以了解孩子当时感兴趣的事。对于孩子开始关心的东西,父母们不妨也试着多了解一下。

在我家里,从孩子们很小的时候起,全家人常会一起去观看孩子们最喜欢的篮球比赛或足球比赛。这个全家行动,会让孩子们觉得整日忙碌的父母支持自己的兴趣发展,真是高兴啊!

另外，如果爸爸妈妈能够带孩子们一起观看附近高中生的足球比赛，那就更好了。其实，孩子们并不在意比赛的双方是否是名校名队，能够看看街坊邻居家大哥哥、大姐姐的练习比赛也很好。**对于小孩子来说，能跟父母一起享受自己喜欢的事，是再幸福不过的啦。**

如果您家的孩子刚开始对音乐萌发出兴趣，不妨带着孩子一起听音乐会；如果孩子对小昆虫感兴趣，就可以带他去大自然中跋山涉水，或者去自然博物馆参观。当家长发现孩子开始对某件事物感兴趣时，可以将其视为一个切入点，然后着重培养。**孩子们以自己喜欢的事为圆点，以其旺盛的好奇心为延长线，就能逐渐了解这个世界，也能尽早了解自己的个性以及擅长的领域。**

有一点请各位家长一定不要误解，那就是"孩子希望自己成为的样子"和"父母期望孩子成为的样子"是不同的。从小到大，我始终认为公务员、大学教授、医生、教师等职业是我最希望自己和孩子能从事的职业，因为这些职业的专业性强、工作稳定且令人信赖。我会产生这种想法，是因为我从小接受的教育使然。但是，自从结婚之后，我对于职业的想法有了很大的改变。我忽然意识到，只要做自己喜欢的事情，无论什么职业都好，即使再辛苦也是很了不起的体验。

因此，当我开始考虑孩子们将来的生活的时候，也会认为如果他们能够从事自己喜欢的职业，总带着新鲜感来工作，就能长久地获得快乐和幸福。如果孩子们发现了自己喜欢做的事，并且选择以此作为自己终身的职业，那么，所有旁人看来辛苦的事，对他们来讲就不算什么了。**我们作为家长要做的就是，培养孩子战胜困难的积极性和能力。**

我想没有什么人能够一生顺风顺水，不经历磨难吧，能够战胜困苦、克服困难的人一定拥有积极的人生观和旺盛的生命力。**我们作为父母的职责就是，培养孩子拥有这种力量，支持孩子独步向前，勇敢地开拓自己的人生道路。**

对孩子们来说，自己的选择是最重要的。如果父母能够尊重孩子的选择，能够将孩子喜欢的事和适合的事相结合，是最好不过的。父母不要让孩子只在自己规定的小框框内行动，而要真正的思考一下"我家的孩子究竟想成为一个什么样的人"？再以此为基点，考虑孩子的各种人生选择。这种不同的思维出发点是非常有必要的。

我家的这三个孩子都已经长大成人，我也曾经问过孩子们："你们觉得我们是什么样的父母啊？"我得到了这样的回答："无论我们做什么，你们都给予充分的自由，但你们也绝不会放任不管，而是一直在我们身旁守望，给予支持。这让我们觉得很踏实。"

当孩子们在为某些事情做自主选择的时候，父母可以暗暗给孩子传递一个信号："这样选也挺好的，而且看起来你们挺开心的！"这样孩子就能记得这种感觉，而且会觉得很踏实。

一定要让孩子感受到学习的必要性

读书的目的并不是为了考上一所好学校,而是为了让自己能够做真正想做的事。

只要拧上学习那根弦儿,谁都有机会实现梦想。

家长有一个重要的工作,就是激发孩子的欲望,再以之为目标,让孩子自己意识到为了实现自己的目标,学习是必不可少的。如果孩子能够自己意识到学习的必要性,就能形成学习那股劲儿,拧紧学习那根弦儿。

如果您家的教育方式是教导孩子"你得赶快去学习",而且迄今为止孩子尚可接受,那您还算幸运。但是到了一定时期,孩子就会开始反抗,或者不听家长的话了。到那时,父母越想让孩子学习,孩子就越倦怠。当您看到这样的兆头时,就要及时和孩子交流,聊一聊人生的方向,引导孩子意识到学习的必要性。有这样一种说话的方式,您不妨试一试:

"你看,爸爸妈妈一直在督促你学习是吧,但其实啊,并不是说一个人只要学习,就一定会幸福,也不是说只要学习,就保证能成功。不过,如果你有一个特别想要达成的目标,就需要有一股力量能支撑你。无论想做什么,都要通过学习掌握一定的知识,来形成这个支撑你的力量。否则,事事难为。如果你真的有想做的事,就请你为了那个目标学习吧!"

家长首先要做的事,就是帮助孩子形成学习那股劲儿,或者拧紧学习那根弦儿。当孩子拧紧学习这根弦儿的时候,就会更有自信,自觉主动地想要去学习。**为了让孩子们将来能够自信地生活,我一有机会就和他们一起畅想未来,全家人一边快乐地描画未来,一边在孩子的内心形成"为了更加接近自己的梦想,就一定要好好学习"的想法。当孩子们能够真正理解这一点的时候,就会懂得,只有通过学习,才能达成自己的梦想,也不会觉得学习是件很辛苦的事了。**

例如,对于想成为设计师的孩子来说,上设计专业学校是一个通常的途径。但是,入学就要配备相应的学习能力,这也需要通过日常的学习来达成。如果孩子的成绩不太好,不妨先在某家与设计相关的公司就职,一边工作、一边学习设计,这样也能走上一条独立的道路。但是无论如何,不学习的人是无法实现自己的梦想的。换种说法,只有通过学习,才能获得实现梦想的机会。

学习不是目的,而是实现目的的手段——这个道理大家都明白,但是,孩子们总是知其然而不知其所以然。他们总是想着"总之,不学习就不行""不考高分就糟糕",然后愁眉苦脸地坐在书桌前磨时间。这种学习方式显然行不通。**家长应该让**

孩子们了解，我们现在学习真正的目的是什么，是将来无论自己做什么都有能力完成。先明确自己真正喜欢的事是什么，自己的梦想是什么。为了实现梦想而学习，就不会觉得枯燥乏味了。

当孩子了解了学习的必要性时，就会主动学习。当每个孩子都上满学习这根弦儿之后，家长需要做的就只是维持他学习的动力，而具体如何学习，就全交给孩子本人好了。

如果家长对于学习看得太重，反而容易让孩子越来越懈怠。在孩子还未来得及拥有自己的梦想时，肩膀上就已经扛起父母的满心期待，负重前进了。孩子还未来得及发现自己想做的是什么，也未来得及向自己的梦想挑战，他学习的热情就已经被沉重的悲怆感打压下去，实在令人感到遗憾。

孩子完全没有选择权，只能拼命学习，这样很容易形成完全不顾忌别人，只要自己好了就可以的想法。其实，家长既不必过度溺爱孩子，也不必给孩子太多"必须要用功"的压力，让孩子以轻松的心态，像做喜欢的事那样去学习就好了。家长要制造氛围，让孩子能够喜欢学习，觉得有必要学习。通过学习能获取自信，得到满足，从而让孩子有更大的学习动力，这样就能形成良性循环。

这是父母才能够做到的，没有任何人能替代。**即使再优秀的教育专家，也不能和父母在孩子心目中的地位相提并论。因此，请您一定不要忘记，在孩子心中"我的爸爸妈妈是最棒的"！**

为孩子制造更多的选择机会

孩子心中有很多目标,这没问题。

为了让孩子不仅关注内在,而且具有宽广的视野,请各位家长尽可能地给予孩子更多的选择机会。

当孩子不觉得"学习是重要的"时,就轮到父母发挥影响力了。家长可以为孩子架设人生的铁轨,指明前进的道路,照亮未来的方向。但是,如果只是一味地要求孩子拼命向前冲,不让他自己思考、自己选择,一旦家长放松了,不再为孩子铺路搭桥时,孩子就会不知道往哪个方向走,也不知道该做什么,就像失去了人生目标一样。

如果家长能在孩子选择朋友、阅读书报、旅行度假、外出就餐、体育运动、观赏电影等方面,给予很大自由度,孩子就会实在地体会到自己是拥有很多选择权的。当孩子拥有很多选择时,家长就可以为他展示更多的选择机会,这也包括对于学习和体育的选择。给孩子选择多种多样道路的机会,只要是孩子自己选择的道路,即使暂时碰壁也能随时改道,做出新的选择，再重新铺设新的轨道。孩子也绝对不会出现"什么都做不了，迷失了方向"的心理问题。因此，为了能让孩子以后在社会中骄傲地生活，我们做家长的就要在孩子成长的环境中，让他做出更多的选择。

在创造孩子的选择机会的时候，家长都会考虑孩子的希望以及适应能力。**但是，家长不要从一开始就告诉孩子"你得做这个"，而要给孩子准备很多选项，由他自己选择。如果孩子面临的选择很少，就很难对自己的未来形成一个明确的想象；如果孩子的视野狭窄，就会影响其全面成长，在成人以后势必会受一番苦。**

我们家老大在进入美国的中学时，因为完全不会说英语，就总有些自卑感。但是他的特点是跑得很快，参加了学校的足球队后表现很突出，也因此获得了自信，还因此获得了周围朋友的认同。

我们家老二在他五岁的时候就能在床上做后滚翻和后空翻，大家看到十分惊讶，都说："这孩子真有点天生的体育才能！"我们家小女儿，特别擅长唱歌跳舞，她的音乐感和节奏感都非常好，那时候我们就认定这个孩子将来的语言能力一定不错。实际上，她确实对英语和西班牙语有惊人的记忆力，学语言非常快。

手记：

父母可以充满期待地为孩子加油

即使孩子跑得再快，如果不练习足球，也没有机会发挥自己这个特长。**有时候，孩子自己可能会迷茫，看不清方向，这个时候家长就要适当参与，从孩子背后用力推上一把。**为了让孩子能够重获行动的热情，家长不妨一起行动，在全家人其乐融融的同时，孩子也一定会重拾信心，看清前路的方向。

让孩子充满自信非常重要。**当我们发现孩子找到了自己感兴趣的东西，或者不讨厌的事物时，就可以试着和他一起感受、一起尝试，让他体会到这件事情的乐趣。**因为最终孩子自己会做出选择，会通过自己的努力继续前进。不过对于我们家来说，全家人一起享受其中的乐趣，这个过程才是最快乐的。

第二章 为孩子创造"想要学习的氛围"

要给孩子创造尽可能多的机会去尝试，并最大限度地给予他们鼓励。

让孩子自己确定目标

只要成功一次,孩子就能产生自信心。

即使经历一次失败,留下的经验和反思也是自己的财富,孩子必将在接下来的道路上重新选择,大步前行。

只要是自己选择的道路,即使遭遇挫折,或者失败了,孩子也会勇敢地爬起来,积极相信"只要下次试着做不同的选择就行了"。即使一条路行不通,孩子也会知道,自己有能力,也有权利去做其他的选择。如果父母或者其他人替孩子做出的选择遇到阻碍,孩子就会有强烈的挫败感,而自己选择的事情,自己也有权利放弃。然后,"下一个工作"就是再去努力寻找适合自己的事情。

对于孩子来说,无论是学习还是运动,都希望可以和朋友一起开心地进行,这样他们就更愿意解决问题,也会更加努力。如果在同样擅长这件事的朋友当中,自己是最优秀的,就再好不过了。

但是您也会发现,有时候孩子也会忘了自己选择这条道路的初衷。这种时候，家长不如让孩子回忆自己的初心。例如，我会对我家的孩子说："你是不是有点玩累了？压力全都释放了吧？妈妈可真羡慕你啊，下次也带我一起去玩好不好？"就这样看似无意地聊起孩子目前的状态，孩子也会聊着聊着就注意到"啊，原来是这样啊"，然后意识到，自己只顾着玩了，还有未完成的事。他们想起自己原本该做的事，也会对我说："妈妈，我确实想出去玩，也确实有点累，但我会努力做事的。"

这时，如果家长说："你不是说过会努力的吗？"或者"真是只有三分钟热乎劲儿啊！"之类的话泼冷水，孩子就会觉得自己果然不行。对于孩子来说，家长的认同至关重要，得到了别人的认同之后，才会更有干劲儿。

有些孩子非常调皮，反抗心很强烈，这样的孩子更容易产生这种感觉。孩子的反抗心实际是孩子内心十分骄傲的一种表现。反之，总是闷头不语的孩子，有时会感到内心不安，但又不愿表露出来，因为他们不想让别人瞧不起，不想输给诱惑。对于这样的孩子，家长就不要逼得太紧，以免让孩子变得神经兮兮的。

有的家长会通过自己辛苦得来的经验，要求孩子学习语文和钢琴等课程，他们觉得"无论如何都想让我们家孩子试一试啊"！我觉得让孩子尝试更多选择倒也不错，因此，即使加上这条路也未尝不可。但是，请各位家长不要强迫孩子接受，一定要让孩子自己选择。

当家长从心底感觉到"啊，这件事最适合我家孩子了"，就可以告诉孩子"太棒了""等你学会了,也要教教妈妈哟"。我认为用这样的方法,可以让孩子坚持做下去,而且能有一定的成效。**因为对于孩子来说,能让父母展露笑容,是最让自己开心的事啦。孩子怎样做、能够达到何等的成就,都要靠自己的努力。在这个过程中,父母的一项很重要的工作就是帮助孩子保持兴趣,坚持下去。**

但是,如果孩子对父母推荐的事情并不感兴趣,家长也不要强迫孩子接受。任何别人推荐的事,最终还是要让孩子自己选择。如果本人不愿意,那么,我们就要最大限度地尊重他的意愿。如果家长强迫孩子接受了,孩子并不会因此产生信心,甚至产生反作用。其实,家长大可不用担心,只要碰到适合的事情,孩子会自己再重新开始挑战的。

尽管选择很多,但是只要孩子们自己做出最终的选择,就能拥有可以成功的自信,即使在过程中遭遇挫折,也可以通过自省得到锻炼。

孩子才是社会的未来

当父母说:"快去学习吧!""你这样做是不对的!"孩子却不按父母要求做事,这时家长应该怎么办才好呢?其实,家长可以换一个角度思考:**您的孩子不仅仅是自己家的私人物品,他更是承载着社会未来的主人公,由社会暂时托付您家来照料,由您来抚育成长**。当然,从父母的角度来说,想客观地看待自家可爱的孩子是相当困难的。尽管如此,也请您再次仔细思考一下,自己作为父母为孩子设计的道路,是否真的能给孩子幸福。

与其让孩子按照家长的意愿成长,不如将孩子当作一个社会人进行考虑,他会从事怎样的工作,会走向怎样的人生。另外,为了让孩子实现自己的人生价值,家长还要思考自己能为孩子提供什么?**我认为,家长最重要的一个工作,就是为孩子准备好能够实现这个可能的生活环境**。

有年龄相当的兄弟姐妹或是好友相伴,孩子的进步会更快,成长过程中也会多一些乐趣。

"你难道又要放弃了"
这样的责备只能起到反作用

如果孩子某件事做够了，想放弃了，也没有关系。

不用强制孩子一定要继续，因为孩子已经体会到学习的劲头了，他下一次也必然能找到自己想做的事情。

孩子经常会面对自己已经选择好的事情，并说出"我已经做够了"或者"我想放弃了"。

这是因为孩子们每天都在一点点地变化，也在一点点地成长。如果每天都做同一件事，感到的快乐会越来越少，兴趣也就越来越淡了，这也不难理解。当然，家长可能会觉得"这个孩子本来挺热衷于某事的，突然就这么放弃了，太可惜了"。但是，让孩子把之前的兴趣稍微放一放，也没什么大不了的。

"只要你决定了要开始，无论发生任何事，都要坚持到最后！"我想，每个人都听过这样的话。但是，即使我们开始从事某事，在中途停下来，或者干脆放弃，也没什么大不了的。我们做事总是因为先有了"想做的心情"，才会着手去做。当孩子

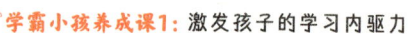

硬着头皮学习，只会越来越觉得无聊，学习的动力也会越来越小。如果家长只是一味地、毫不留情地训斥孩子"你这样不行啊"！孩子会越来越失去兴趣，这才成为了问题。

如果孩子说了"不想学习"，那么即使家长呵斥："你胡说什么呢！"孩子也不可能自发去学习。另外，家长也不要说："你就知道玩电子游戏！这怎么行！还不快去学习！"这无济于事，孩子并不是因为玩电子游戏而不学习的。**家长要做的是帮助孩子找到除了电子游戏以外，更有乐趣的事。**

其实，无论是去看职业运动比赛，去博物馆参观，还是去逛街，都比玩电子游戏要有意思得多。**当孩子能够真正感受到从事一件事情的快乐时，自然而然就会愿意花时间去做。**如此一来，孩子在运动上投入的时间越来越多，就没时间玩电子游戏了吧。

我觉得家长完全不必将电子游戏视为孩子学习的障碍。我家的三个孩子也不是完全不玩电子游戏，他们把电子游戏机放在各自的抽屉里，随时可以拿出来玩。其实，电子游戏并没有优劣之分，只是每个孩子都有比之更感兴趣的爱好，所以才不会产生什么恶劣影响。

手记：

经过一次又一次的尝试，
就能发现真正的兴趣了

"这个我再也不想干了！"如果听到孩子发出这样的抱怨，家长可以简单地答应一句"我知道啦"，然后暂时将之搁置一段时间。如果过一阵子，听到孩子又说"我真想试试这个"，家长就可以趁此机会，让孩子尝试一下。如此这般，经过几次挑战和尝试，孩子一定会找到真正想做的事情。

当孩子真的找到了喜欢的事情，即使过一段时间对它厌倦了，他也已经拥有了投入做事的能力，也一定会找到下一件喜欢的事情。

广泛培养孩子的兴趣,从中发现他们的所长。

努力学习,永远不会太早

与其以后再努力,不如现在下功夫,这样面临问题时会更轻松,也会更有乐趣。

当孩子有了干劲儿,也从各种各样的选择中确定了"我要做这个"!那么,家长要做的就是尽早让孩子迎接挑战。无论孩子选择的是踢足球还是弹钢琴,学舞蹈还是科学实验,即使孩子中途想改变也无所谓,家长不用过于在意。

这与所谓的早期教育是不同的。当我们比别人更早下手,比别人用更多的时间去练习,更用心去准备时,我们成功的概率也一定比别人大。也就是说,比较晚才开始的人,为了追赶先行者,就要付出更多努力才行。任何人要想从后面赶上,就要付出加倍的努力,是十分辛苦的。虽然这种"现在吃苦是为了将来享福"的说法可能会被人误解,但是趁孩子青春年少的时候,努力战胜各种各样的挑战,对孩子来说也是快乐的。

但是,任何事情都有例外。有的孩子为了比赛胜利而拼命练习,结果用力过度,疲劳不堪,到真正上场的时候累得难以

继续,这种情况我们也见过。我想,在育儿方面是没有所谓正确答案的,这跟我们使劲把东西装进袋子里,结果把袋子撑坏了,或者把袋子里面的东西挤坏了是一个道理。

一个人会忽然变得疲倦,什么都不想做,或者想要做的事太多,却无力承担,最后落得两手空空,一事无成,这样的事也是常见的。

我们夫妇二人和孩子们都对做饭这件事很有兴趣,也都很喜欢手工制作。我想可能正因为如此,所以我们在做学问以外的不同领域里也能够获得乐趣,愉快地生活。**孩子从小就体会到越做越开心的事才容易坚持,所以要任由他们无所顾虑地玩耍。可以说,我家的育儿方式是让孩子在玩的过程中体会到学习的乐趣。**

我家的几个孩子大约是在初中快结束的时候,才真正体会到了认真学习的乐趣。他们在小学低年级的时候非常自由,每天就是不停地玩闹嬉戏。可能他们最终会厌倦这样的整日玩耍,也可能会觉得有些不安,这些都是他们切身体会到的。所以我想,与其说有一天孩子们突然停止了玩闹,不如说他们开始逐渐减少了玩闹的时间。但是,孩子们对体育运动是绝不放弃的。可能从事体育运动让他们觉得比做任何事都要开心;或者他们是为了能够继续从事体育运动,才开始学习的。再换句话说,正是因为他们在从事体育运动,所以才能够坚持学习。

如果在孩子获得自信之前,硬把他放到一群某方面特别优秀的孩子之中,孩子能记住的只是己不如人的劣等感。如果出现这种情况，家长就要鼓励孩子不要灰心，既然大家都能做到，你也一定能做到的。

如果实在搞不懂，不妨向别人请教一下，这没有什么不好意思的。每个人都有自己不擅长或者不了解的事物。只要通过自己的调查，向别人打听明白就好了。有很多事情是靠自己一个人的能力不能完全领会的，我们要做的就是积极乐观地进行研究和学习，争取把不懂的事情搞清楚，这样就可以了。

如果孩子们觉得"哎呀，真痛苦啊"，家长的任务就是要让孩子停止痛苦。当孩子受到挫折的时候，与其指责孩子"这算什么挫折"或者说"再做一次，试一下"，不如告诉孩子"即使遇到挫折了也没关系，只要你还想做的话，不妨继续吧，我会一直支持你的"。请各位家长为孩子创造一个积极乐观的环境，而不要让孩子感觉十分绝望，走投无路。

不去尝试怎么知道行不行呢

如果家长说:"你这么做是不行的,不如放弃吧",孩子心里就会觉得父母是不容许我失败的,而逐渐消沉。所以,结果并不重要,重要的是我们能在尝试的过程中体会到乐趣。

其实,我家里这三个孩子并不是在某些方面出类拔萃的,但是,他们能够好好学习,坚持体育运动,刻苦努力,确实是有理由的。那就是,无论碰到多么艰难困苦的情况,他们都会说:"不试试看怎么会知道到底行不行!"这其实都源于我们的家庭教育,我们经常会对孩子说:"只要你有干劲,勇于尝试,就什么都可以成功!"

当然,我们都是普通人,也会有不能按心愿达成目标的时候。**即使不能达成原定目标,我们也会让孩子们了解到,没有必要因为一次失败就定义了你的全部人生。无论是对父母也好,对孩子们也罢,尝试的过程本身是最快乐的。**或者说,我和丈夫能够体会到比孩子更加深刻的快乐。

当孩子说出想要做什么的时候,可能家长心里会想:"这件事他一定做不下去的"或者"这件事对于这个孩子来说恐怕太难了",但家长还是要鼓励孩子去挑战。有时候孩子做事的契机是因为朋友的邀请,有时候是在电视上看到了某个人觉得很帅。其实不管何种理由,家长首先请不要泼冷水,说:"这件事你可做不了!"

父母很容易说出"这件事不太适合你"或者"我觉得这事很不可能"这样的话。其实,他们是不希望孩子绕弯路。但是,即使某件事对孩子来讲真的很难,也请家长尽量三缄其口。

有时候父母觉得不可能,是因为觉得孩子做这件事会很不顺利,很容易失败。孩子如果听了这话,就会觉得爸爸妈妈是不容许我失败的,因此惧怕失败,害怕尝试。所以父母应该尽量避免这么说,要鼓励孩子不畏失败,勇于尝试。

父母与其成天担心着"孩子要是真的失败了,那该怎么办呢"?倒不如更积极地思考,鼓励孩子"试试看吧,说不定会成功的"!

我想,为人父母的都是希望孩子能抓住每个机会,勇敢挑战的。因此,在孩子犹豫不决时,家长要多鼓励他说:"试试总没有坏处,说不定就成功了呢?"**经过多次尝试,孩子真正的个性以及他真正适合的方向才会显示出来。有时,孩子还会展示出连父母都没有意识到的新才能。**

失败乃成功之母

如果什么都不做,就永远不知道自己适合什么。如果知道了自己适合什么,即使经历失败,也向成功迈进了一步,所以要鼓励孩子不断挑战。

"如果我把目标定位在这儿的话,我想我应该可以发挥自己的所长吧。"但是有时候,即使设定了一个目标,却总是不能顺利完成。当挑战的难度过高时,可能做起来会越来越觉得难以实现。但是,失败并不可怕,对孩子的影响也并不全是负面的。

我在学校做老师时,就坚持认为孩子们应该选择自己擅长的领域一展身手。我也因此常常鼓励孩子们,无论是面对体育比赛,还是升学考试,都要尽情施展拳脚。"如果可以就试试看吧,不行也没关系。与其你以后后悔从未尝试过,倒不如趁着现在感兴趣,多做一做吧!"因为我常常会给孩子们提供很多选择机会,即使失败了,也可以趁机教导他们:"看来你这方面的才能还不够啊,那么以后不选这个做就行了,这就是这次失败教会我们的道理。"这样,孩子就会明白"我还有很多别的机会呢",因此就不会退缩,能够坚持继续挑战。

无论什么性格的孩子，如果父母消极阴郁，那么孩子就容易变得总是担心自己能否成功。失败并不是缺点，只是让自己明白，确实有不适合自己的领域，仅此而已。可以说，当我们失败时，其实也是向前迈了一大步，只要重新选择其他新的目标，再挑战就好了。

实际上，我家的孩子们也一直是抱有这样的想法的。**永远不要沉沦于一时的失败，要马上总结教训进行转变，从跌倒的地方迅速爬起来，然后再轻松地开始新的挑战。每当看到孩子们如此坚定的身影时，我都会更加强烈地感觉到"也许在任何挑战当中都没有失败，每个小挫折都是向成功迈进的证明"。**

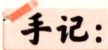 手记:

战胜失败,就能向下一个目标发起挑战

与从未尝试、毫无经验相比,我觉得经历失败其实是非常好的经验积累。只有经历过失败,才会树立再次挑战的信心,才能够知道如何不再犯同样的错误。我们也可以决定是否再次挑战,或者干脆放弃,向其他方向调整。

无论我们是再次挑战,还是调整到其他方向,结果都是未知。有时候也许终其一生,也难知结果。但是,如果我们能够将每一次挑战的结果和教训牢记于心,那么,我们就能放平心态,说一句"失败了也挺好"!

第二章 为孩子创造"想要学习的氛围"

让孩子见识最好的东西

那些所谓的好东西,我们姑且相信。但是,需要用自己的双眼确认一下。

如果要踢足球,就要以成为职业球员为目标;如果要弹钢琴,就要以成为钢琴家为目标。在我家,我们总是会对孩子们说:"既然你打算挑战,那就尽量把目标定得高一点,以成为最强者为目标。"

当别人普遍认为某样东西非常好的时候,我们姑且信之。无论做什么事,或者选择去哪所学校上学,如果不实际试一下,怎么会知道到底好不好,适不适合自己?我们不妨按照大家的评价,以优劣来进行选择吧。在选择志愿学校时,先从评价最高的开始考虑,认真评判一下这所学校是否适合自己,再决定是否要挑战一下。当决定了以该校为目标之后,只需要鼓足学习的勇气,一鼓作气冲到顶点。作为父母,只要这么想就可以了。

当我们在考虑孩子的升学目标时,最初也是采取这样的方法。"到底哪所大学是所谓的美国顶级大学呢?"当孩子们向我询问时,我们全家一起去了书店,找到一本关于全美大学排名的杂志。最先找到这本杂志的是我们家老大,他一边翻书一边得意地说:"A大学的A学部,能够排入全美前10名呢!"不愿服输的二儿子也说:"B大学的B学部,能排名第几啊?"于是,也开始埋头翻书查找。我们家小女儿紧紧地挨着两个哥哥,也笑嘻嘻地翻看个不停。

其实,那是在老大的大学入学考试很早之前,当时他并没有身为考生的自觉,因此这样的翻书调查是有趣而快乐的。回到家后,孩子们还常常针对自己从书中看来的信息聊个不停。

"我听说啊,只要是上了哈佛大学,信用卡就自动给学生五万美元的信用额度哟!"

"这么说,那不是比爸爸的信用卡额度还要高吗?"

"真的吗?哈佛大学的学生,要比爸爸还厉害呢!"

丈夫闻言颔首微笑。在全家人游戏似的聊天中,孩子在不知不觉中就感受到哈佛大学是能够学到最棒的知识的地方。这种意识逐渐深入他们的脑海之中。

当我们家老大越来越迫近大学考试的时候,全家人就回到美国,到各个州最顶尖的大学里巡视了一番。我们不仅去了近处的加利福尼亚州,还去了距离很远的康涅狄格州、宾夕法尼亚州、佐治亚州和缅因州等。全家人实地感受了一下当地的风土人情,也到各个大学校园里亲身感受了一下气氛。在那次旅途中,老大说他觉得大致可以确定自己最理想的大学是哪里,志愿也算定下来了。这次的全家旅行，因为目的不同而变得妙趣横生。

为了让自家的孩子选择一所心仪的大学，全家进行了一次全美巡回之旅，这也太奢侈了吧？如果有人产生了这样的想法，也很正常。我们经常组织家庭旅行，所以这次的全美大学之旅其实非常轻松，不仅是作为此行主角的大儿子，连二儿子和小女儿都非常开心。如果您生活在日本，可以趁着去北海道旅行的机会，去礼幌参观北海道大学，在白杨树成荫的校园中散步也是一种风情。另外，趁着去博多旅行的时候去九州大学遛个弯，再到附近的猪骨拉面店点上一碗拉面吃，这不也兴味盎然么。当然，您也可以随时去自己城市的大学和高等学府里散步，这样更加轻松自在。

如果把大学巡游当作一项工作，家长就会觉得挺麻烦的，我的诀窍是享受旅行的过程。如果我家的孩子是在日本进行高考的话，可能我早就借机组织全家旅行了，去品尝京都的汤豆腐、博多的猪骨拉面，还会去其他好多有趣的地方。这样的旅行多么快乐啊！

手记：

对于孩子认为"最棒的事"，家长要及时响应

当我家小女儿加入网球俱乐部之后，我们全家就去附近的操场观看高中生的网球比赛。比赛结束后，小女儿喃喃："太厉害了！"于是，满心感动地回家了。对于我们家来说，那个时候，最棒的网球比赛就是附近高中的练习赛。另外，当孩子们对摇滚乐团感兴趣时，我们也带他们去看了空中铁匠乐队和滚石乐队的现场演出。

当孩子们将目标定得很高时，我们就要开始考虑，如何让孩子获得这方面的经验。对于小孩来说，比起参加奥运会的职业选手，本地中学的运动健将才是他们的英雄。

第二章 为孩子创造"想要学习的氛围"

从事自己喜欢的职业,将会带来源源不断的新鲜感,并能获得长久的快乐和幸福。

让孩子充满挑战的热情

孩子不仅要了解成功的概念,更要知道成功的意义,即使孩子偶尔丧失了挑战的热情,也会获得自己选择的能力。

将视线投向高处,以实现最高目标为己任,我家的几个孩子非常自然地就如此行事,但偶尔也会有所懈怠。这时,家长要怎样说服、引导孩子呢?我的做法是,将"现实"讲给孩子们听。

在这个社会里,有很多人整日拼命工作。尽管如此,每个人的实际生活状况却千差万别。我总是一有机会,就把这种现状讲给孩子们,让他们能够了解社会最真实的一面。

例如,一位牙医在暂无患者时,有很多可以自由支配的时间;公务员的收入和工作时间都很稳定,他们的工作要点是处理事务的能力。相反,音乐家和作家的工作是很开心的,但除了少数出人头地的名人,一般人收入都很不稳定。我并没有具体地告诉孩子,什么工作是好的,什么是不好的,只是客观地描述了现实情况,让他们自己思考"那个工作挺好的嘛"或者

"这个干法儿可不适合我"。这样一来,孩子们逐渐认清了社会,慢慢摸索出自己究竟想要选择的道路是怎样的。

我们家老二有一次说过这样的话:"我不选最高目标其实也可以吧。"在高中升学前,他听说他的一些好朋友打算上本地的公立高中,觉得自己一个人去上所谓水平最高的私立高中似乎没有必要,他很想跟合得来的朋友一起度过轻松的高中生活。作为初中生,他会这样想是理所当然的。

那个时候,丈夫对老二说:"你这样想也可以,但是,要是你真的想上公立学校的话,回到日本去上公立高中如何?这样你还能学习日语,对将来也有所帮助啊!"我的丈夫这么说,其实是希望二儿子能够重新审视一下自己,看一看如果不选最棒的学校,自己会变成什么样。此外,老二的想法并非经过深思熟虑,只是单纯地受到了朋友的影响。丈夫的一番话也提醒了他。

其实,我曾经认真地想过,公立高中也是可以的。但是,因为升入公立高中前没有经过入学考试的比拼,所以各个地区的学习水平差别很大。有的高中由于预算不足,出现难以运营的状况,突然闭校的情况也常有。当然,也有不少优秀的孩子在上我们小区附近的公立高中。因此,我说:"如果你想上公立高中的话,也不是不行,起码学费是全免的,而且每年也会有成绩优秀的孩子考上好大学。"老二也很赞成我的说法。但是,我的丈夫认为,二儿子要是总和那些朋友们在一起,就容易变得只想玩乐,不思学习了。那么,与其让他留在美国上公立高

中,还不如送他回到日本。

在这种情况下,老二得出了结论:"在公立高中里,会有各种各样的学生,每个人的目的都不同;上私立高中的同学们都是目标一致的,希望考取大学。我这个人太贪玩了,上公立高中肯定忍不住跟朋友们玩,但我的目标还是想上一所理想的大学的。"

如此一来,二儿子开始为上私立高中进行准备,那里一年只招收男女各四十名学生,录取率很低。但是这是他自己选择的道路,所以他非常努力地准备入学考试。

当我们为他解释了各种选择所面临的现实情况后,二儿子自己也想了很多,做出了最终的决定。通过自己的深思熟虑,他鼓起了挑战私立高中的勇气,通过努力最终被录取。我想,如果他当初选择到公立高中上学,可能现在会有一个完全不同的人生。他自己做出了选择,完全没有后悔,对高中生活充满了信心。

老二在高中毕业后说过这样的话:"在私立高中入学后,我发现每个同学的目标都是一致的。这样的一群人聚集在一起,努力准备每一项考试,我也在这样的气氛中,很自然地加快了节奏,和同学们一起努力,而且我很享受这个过程!"

我对东西方学生学习意识的差别感到震惊

赴美后,我们有时因故需要回到日本。有时,刚巧不是学校放假的时间,但为了能够带着孩子一同回国,我只能硬着头皮跟学校联络,希望准假。

但令我惊奇的是,学校立刻回复:"没问题,与家人一同旅行也是一种非常重要的学习,祝你们旅途愉快!"

另外,如果孩子需要去看牙医,也可以把预约时间安排在平日的上课时间。刚开始我以为是因为我是日本人,所以得到了特别照顾,后来发现大家都是这样,都会因为旅行向学校请假,或是为了看牙医而缺课。这些在日本都是难以想象的事,真是让我震惊。

确实,缺的课是可以补上的,但是全家旅行和身体健康是难以弥补的,不能随意修改。当然了如果自己不能把落下的课程补上,也是很麻烦的,正因如此,孩子才会用加倍的努力,换取家庭旅行的乐趣以及身体健康。

第三章

激发孩子的学习热情

创造每个人能够畅所欲言的和谐家庭氛围

如果全家人心不齐，关系混乱，孩子是不能安心学习的。家人可以分享开心、快乐的事，共享喜悦。无论多大年龄的人，都希望家庭和睦。

每天，全家人在不经意的交谈中一起分享快乐和痛苦的经历，大家彼此支持，互相沟通，这不是最棒的吗！我们家约定俗成的一个教育方针就是兄弟姐妹关系和谐，家人朋友彼此关照。可能正是因此，我们全家经常能在公开的家庭会议上讨论各种问题。

当小女儿说想当一名律师的时候，丈夫说："想实现这个可能挺难的。"同时，告诉了她一些相对严酷的现实情况，而大儿子马上鼓励她说："妹妹一定没问题的！"我们家老二参加的每场足球比赛，全家人也必定一起前往为他加油。

我们全家人总是紧密团结在一起，其乐融融。大家都知道，父母、兄弟姐妹是完全相信自己的，而且会一直守护在自己身边。如此一来，家庭成了每个人强有力的后盾，这是全家人朝

夕相处的积累而自然形成的力量。

我们家的两个儿子成人后开始在日本工作，那时候，两人和我们的关系莫名地疏远了一些。我想可能是在日本的时候，特别是他们开始投入地与其他的创业家们接触时，与家人好好相处的时间比较少。另外，他们每个人都严格约束自己，独立地在公司中待人接物，因此对待家人的态度也受到了影响。"你们已经成为社会人了，难道还需要父母的帮助吗？""你们的年纪已经不小了，但是父母有些过度保护了。"可能由于讨厌给别人造成这样的印象，他们才会变得如此独立。

但是，如果全家人的关系良好，家庭就能成为每个人的力量源泉。大家可以一边聊天，一边分享喜悦，"我现在做的工作是这样的哦"或者"今天，我遇见了一个有趣的人"，家里的气氛总是轻松自在的。这些不是家人的过度保护，而是分享快乐。这一点跟与朋友相处是一样的。

与家人的这种和睦关系，是大家已经熟悉接受的，因此虽然我们家的两个儿子一时忽视了和家人的联络，但现在已经如往常一样了。他们原本希望适应日本的价值观，但后来改变了，"我们还是觉得，我们像以前那样，和家人和谐相处来得更舒服"。

在美国的生活，培养了我们各方面都独立自主的个性。但是，我们即使一个人独自生活，也不忘时常给家人写信，遇到生日或者结婚纪念日，会赠予贺卡和礼物。当然，我们并不要求所有人都如此，但我们家里的每个人，都能主动帮助家人，我想这就足够了。

父母养育子女最希望得到的结果，就是孩子们能好好工作，甘于苦乐，以及善待家人朋友。即使再小的事情，也能够毫无怨言地帮助别人。

允许孩子成为孩子

孩子上小学了,就要以小学生的目光待他。

当我们能和孩子以同一视角看世界时,就能享受到同样的喜悦和开心,也能了解孩子想要的是什么,不想要的是什么。

我在上小学的时候很不喜欢的东西,也不会强加于我上小学的孩子;反之,那些我在小时候被父母严格要求做的事,在之后深受其益,同样的事情,我若不严格要求孩子,可能会造成遗憾的。我相信这些情况在各位家长的身上也是有的,因此我们可以真诚地向孩子传递自己的经验。在我们小的时候,家长整日把"你快去学习吧"这句话挂在嘴边。那么,你们现在作为家长,一定没有像当年那样,总把"你快去学习吧"这句话唠叨个不停吧?

"我家孩子还很小,所以我一定要好好守护他。"家长产生这样的想法是很自然的,也有一部分人认为这就是父母的职责。但我认为,父母能做到的绝不仅仅是这些。

看起来年幼无力的孩子们,其实每个人都有各自的坦率之处和丰富的感情。从孩子的内心出发，有了讨厌的事情和烦恼，如果父母还强制他们去做，会让他们产生反抗情绪。如果父母什么理由都不说，只是不断要求"你得快去学习"，他们的内心会产生"好想出去玩啊"或者"这个东西，真是不想学啊"这样的想法。**要让孩子能够理解学习是一个重要的过程，可以通过学习去实现自己的目标，我们家长要做的，就是让孩子感受到学习的成就感，自发去努力。**

因此，家长应该如此引导孩子，比如问问孩子："今天的学习结束了吗？"我想在听到父母这样的提问时，孩子们会明亮而坦率地回答："嗯，结束了！"孩子们自己也会感受到："啊，学习的部分已经结束了，现在可以放心出去玩啦。"他们还会想："这么试着学习一下，也挺轻松的嘛。"

即使是大人，如果要做的事还没做完就出门了，心里也总会在意，玩的乐趣也会减半。希望大家都能培养出在学习的时候好好学习，玩的时候好好玩的收放自如的孩子。

当我们把视线降到孩子的高度，就能够理解孩子的心情了。我们可以试着不以父母的视角，而是和孩子站在同一个赛场上来看待一件事情。也许一开始你会觉得很难，但其实不然。

当你的孩子焦躁的时候，不妨试着回忆一下，当你自己还是孩子的时候，为什么不想学习？为什么想玩？如果您小时候觉得一个人学习太无聊了，是不是想和其他孩子一起快乐地学习，一起比赛着解答习题呢？

"我们一起做吧？""要不要比赛一下？""一会儿学习结束

后,我们一起出去买东西吧?""一会儿出去吃点好吃的吧!""这道题要是解开的话,就去踢足球吧!"**我们可以将学习和做饭,或者体育运动,以及任何事物结合起来,只要孩子们感兴趣,就不妨多试几次。看到自家孩子的反应,就能了解他到底想要什么,也一定能看清孩子的兴趣所在。**这个时候,父母要有信念,别搅乱了孩子单纯的内心,不要欺骗孩子。

请真诚地和孩子相处吧!

手记：

趁孩子还年幼，要教会他的事

孩子步入初中二年级，正是他们人格形成的时期，这与他们的未来紧密相连。无论孩子将来的人生会怎样，在这个阶段，家长一定要让孩子获得正确的道德观，教育孩子不要伤害他人，无论是精神上的伤害，还是肉体上的伤害，都不可以。

另外，在人生中，不要轻言放弃。这会决定着你的人生是以成功结束，还是以失败告终。请务必将这些教给孩子。当然，可以随着每个孩子不同的日常体验，让孩子逐渐有所体会。

家长要和孩子们一起生活，一起成长，让孩子们体会到"学习和不甘放弃两件事，是我们人生中最重要的原则"。

当孩子遭遇挫折时,父母的态度对孩子有很大影响。

让孩子坚定地认为"我的父母是最棒的"

对于父母来说,自己的孩子是最重要的人;而对于孩子来说,比起所谓的专家,自己的父母才是最重要的人。当孩子做到了之前无法做到的事,那一瞬间是父母最大的幸福。

我回到日本后,乘坐电车时,看到了这样一番场景:"这种问题你都解答不出来,到底干什么了?"在生气的母亲旁边,一个年幼的女孩子身体蜷缩。她沉默无语,充满恐惧。我想这个小女孩的心也一定蜷缩成一团,抖个不停。

这对母女也许正在参加所谓名牌小学的应试挑战吧。我想着要不要说点什么来制止这位母亲。"别这样对孩子发脾气啊!""孩子怪可怜的。"那个时候,我的脑海里浮现出了一个疑问:"与其这么跟孩子发脾气,为什么不亲自教导孩子呢?"

有很多家长总是要求孩子"赶快去学习""把成绩再提高啊",但是却没有多少家长能够和孩子说"我们一起学习吧""让我们来想想,要怎么做才能提高成绩吧"。**这些家长把孩子的学习交给补习学校的老师,把体育运动交给俱乐部的教练,**

把自己家孩子所有的事都交给别人去管，却没有真正尝试过"我也和你一起做吧"。其实，这才是为人父母真正需要的行动力。

有些家长认为孩子的事，拜托专家更好。在这些父母的眼中，可能只看到了结果，没有考虑别的。可能专家教得确实更出色，他们可以给孩子划出学习的重点，还能提供相应的建议。但是，比重点和建议更为重要的是，孩子的内心究竟受到了什么影响。

对于父母来说，自己的孩子是最可爱、最重要的，对于孩子也是一样，没有任何好老师能够比得上自己的父母。无论是数学习题的解题方法，还是踢足球的假动作，虽然优秀的专家能够教给孩子技巧，但是对于自家孩子的情况，家长才是最清楚的。所以，请各位家长不要只是依赖专家，要知道最好的老师其实是自己，这一点请一定牢记于心。即使家长只是拿着习题提问，告诉孩子是对还是错，有的孩子也会变得干劲十足，爱上学习。

如果孩子不明白，家长不妨试着陪孩子一边吃点心、喝茶，一边说："要不要试着那样解答一下？"这样帮助辅导一下，要是孩子还不懂，就可以说："看来确实很难啊，要不然我们请教一下别人吧。"之后可以请教一下学校或补习班的老师。即使只是一天一道题，只要能解开就可以了。这样重复几遍之后，家长就不会再觉得"不这样做不行啊""真是有负担啊"，而会和孩子一起享受这样的亲子学习时光了。

要享受充满快乐的学习过程。不懂的事情能搞明白,不会的事情学到手。这些不仅仅能让孩子高兴,更会让当父母的充满喜悦。虽说如此,这种状态也不会一直保持下去,因为孩子很快会进入一个不需要家长帮助的自主学习时期。我们家的几个孩子在初中高年级之后,就很少向家长请教,而是更愿意听学校老师的指导。

看到父母的笑脸是孩子最高兴的事

我家抚养孩子的阶段到现在为止已经结束了,而我也是第一次有所感悟:父母能快乐地、有意义地生活,才是最让孩子们高兴的事。

在这本书的写作过程中,有时我也会向小女儿发发牢骚:"我总是写得不好,进展太慢。"小女儿总是会鼓励我说:"加油啊妈妈,你要成为畅销书作家哟!好好写吧!"她看到我工作的身影,总是显得十分高兴。大儿子和二儿子也总说:"你自己写书出版挺好的嘛,要加油啦!"当我决定参加电视节目的时候,我也会去征求他们的意见:"我觉得上电视会不会略显轻率了?"大儿子会安慰我说:"没事的,妈妈。最重要的是你自己开心,只要你觉得高兴,去做就好了。"

在抚养孩子的时候,看到孩子们高兴的样子,我就会感到安心。我现在开始认识到,能看到父母高兴的样子,孩子们也会感觉到安心和幸福。

第三章 激发孩子的学习热情

父母的陪伴,不仅能消解孩子心中的忧愁,让孩子重拾信心,还对塑造孩子的性格有着非常重要的帮助。

父母不要牺牲自己的生活

家长不应该为了孩子而活着,家长也要重新做回孩子,一起生活,让我们一起享受再一次的人生吧。

"抚养孩子,实在是很辛苦啊!"我们常常能碰到母亲们这样说。确实,养育孩子时,我们自己的行动会被约束,可自由支配的时间很少,可能会觉得很疲劳。我自己却没觉得有那么疲劳,这点挺不可思议吧。当然,在碰到孩子发烧了,或者身体受伤了这类健康方面的问题时,我肯定还是担心的。在陪伴孩子的时候,如果我有想做的事,就会带上孩子一起去。由于我家从事的是个体经营业,所以家里总会有人照顾孩子,我也不觉得为了孩子们会舍弃什么东西。

如果总要牺牲自己的生活,可能谁都会有点急躁,特别是做母亲的,而且发脾气的对象总是小孩。孩子们和我们在一起的时间最长,又总缠在身边,所以首先成了我们发泄的对象。

把自己的负面情绪投射在孩子身上,说一些气话责骂孩子,这些都是做父母的肯定会经历的，大家皆如此。如果父母认为自己为孩子做出了牺牲，最终的情况会变成孩子让父母为之做出牺牲。

其实，育儿的过程中，家长并不见得一定要牺牲自己的生活。请你把思维转变一下，可以想："我想和孩子一道，重返我的童年，让自己重新享受一次孩子的生活。"

当然，父母终归是成年人，也会在心里反复提醒自己这点。其实，我们不妨换种思路，重新给自己一次机会，弥补童年时代的一些遗憾。与其说是弥补自己的遗憾，倒不如说重新享受一次全新的人生，去做自己小时候一直想做的事，或者作为父母想做的事。反之，我们小时候做过的那些父母反对的事，或者做完感觉不好的事，不和孩子一起做就是了。

我是二十多岁生的大儿子，三十多岁生的二儿子和小女儿。我在二三十岁时年轻有激情，四十多岁时沉稳平静，在不同的年龄段和孩子们相处，能够充分享受人生。

在我家老二小时候，我又变成了孩子，这简直太开心了。我去看足球比赛的时候全神贯注，好像自己也上场比赛了似的，在回家的路上，跟二儿子聊比赛聊个不停。那个样子，就好像我自己梦想成为足球运动员一样。我想，这也成了我们家老二热衷足球运动的一个助力吧。

父母把自己看作孩子，能让自己的人生变得快乐而精彩。 我知道有些家长在自己的孩子做事不能善终时，就会生气地嚷嚷："你怎么总是跟别人家的孩子不一样！你这么做对吗？"但是，如果家长能够换位思考一下，把自己放在孩子的位置上，可能那些急躁不安的情绪就会自然地消失。倒不如说："这件事现在不会做没关系，下次再试试看可能就成功啦。"这样，无论孩子做任何事都会渐渐变得有趣起来。父母可以和孩子一起，开开心心地试着想一下："我们究竟要怎么办才能成功呢？"

我们的生活并不只是为了孩子，而是要跟孩子一起享受生活。这么好的事，我们更不用急躁，就自然地过每天的生活，孩子们自然也会变得精精神神，充满热情。

要是家里有一个孩子，家长就能重返童年一次，两个孩子就两次，三个孩子就三次。托了家里有三个孩子的福，我一个人能享受三次重返童年的快乐。当然，我也真的让自己变成了孩子，算起来我一共度过了四次童年生活。

我希望各位家长也一样，重新回到自己的童年时代，试着和自己的孩子变成同龄人。无论您有几个孩子，您能得到的快乐都会成倍地增加，一定如此。

手记:

和孩子一起转换心情

当需要转换心情的时候,我家有一个传统,就是全家出去下馆子。为了能吃到美味,孩子们总是兴高采烈地去找餐厅索引,然后,半开玩笑地拉我们出去吃饭。有的时候电视上会播放美食节目,我们家老二总是瞪大了眼睛,羡慕地说:"这个工作真好啊!以后我也想就坐在台上吃好吃的!"我时常会发现,孩子们的小脑袋里藏着各种各样的梦想。

我希望各位家长也可以找到一项乐趣,能够让自己轻松转换心情,如果这项乐趣在让家长获得享受的同时,还能让孩子高兴,那就最好了。我们做父母的,即使只看着孩子们快乐的样子也会高兴的,不是吗?

告诉孩子:"不要轻言放弃,这决定着你的人生是以成功结束,还是以失败告终。"

父母越自信，孩子越快乐

把孩子培养成和别人不一样也很好，不要因为自己家的孩子跟别人不一样而垂头丧气。**"我家这样就挺好"这种想法就是家长自信的源泉。**无论是父亲还是母亲，都应该充满自信。因为培养孩子没有固定模式，也没有标准答案。

例如，有的人会因为经济上很拮据，所以没有自信，或者因为没能获得充分的学习，没有什么选择的机会而没有自信。其实不是这样的，**在艰苦的环境中长大的孩子能获得自信，获得家人正向培养的孩子也能获得自信，只要有正面的引导，孩子就有获得自信的源泉。**

之前我参加一个电视节目，现场听到日本宇航员向井千秋先生的母亲讲述她家的故事。她年轻时，为了给孩子们赚口粮，在饭店里端盘子打工，整日拼命工作，很少有时间照顾孩子。但是，当时还是小学生的千秋先生仍然存下零花钱去买书来读。**努力工作的母亲对孩子来说是比什么都重要的榜样。**

反之，在一些经济上相对富裕的家庭里，父母就要培养孩子为社会出一份力的理念。如果家长能培养孩子对穷苦人施以援手的理念，那么，这样的孩子也一定会拥有自信。在各种各样的家庭中，自信的内容和理由是不同的，重要的是，家长一定要让孩子充满自信。

那么，父母究竟要怎样做才能培养孩子的自信心呢？我认为应该是"让孩子与其他人不一样也可以"以及"不把孩子与他人相比"。家长在培养孩子的过程中，总是不禁会想"我家的孩子，最好能变得与其他孩子一样就好了"。但是，我希望各位家长能把这种想法做个180度的转换。

我家的几个孩子总会在各种场合向我们发问："为什么咱们家和别人家总不一样呢？"

在这个时候，我和丈夫也会感叹："是啊，为什么呢？"然后也体会到孩子们的感受，我们家确实和别人家不一样。我们会告诉孩子们："要是每个家庭都一样，那多没意思啊！"我觉得这种思考问题的方式，与父母和孩子能否获得自信心是紧密相连的。

在孩子青春期，父母亲成为孩子的好朋友

无论是谁，青春期都会变得情绪不稳定，**但越是情绪不稳定的时候，越是成长的机会。当孩子进入青春期，也请家长做好进入一个新阶段的准备，试着成为孩子的好朋友。**

孩子们从婴儿时期摇摇晃晃地学会走路，经过幼儿园的培养变得健壮起来。上了小学后，随着年级的升高，孩子们逐渐成长。虽然孩子在长大，但在父母心中，总还是那个"我家的小宝贝"。

尽管如此，不久之后这些少男少女就要进入敏感的青春期了，这个阶段一般出现在孩子上初中二年级到高中三年级。青春期是从孩子到成人的成长阶段，也是对自己和周围朋友的态度发生重大转变的过渡期，在这个时期，孩子们的身体和心理都会发生变化。这是一个人成长过程中最不稳定的时期。

自己有哪些强项、哪些弱项、想做哪些事等各种各样的问题，都在青春期显现出来。孩子在这个时期逐渐增加对自己的了解，也会用自己的力量克服各种各样的困难，选择前进的道

路。但是，这个过程必定夹杂着迷惘和困惑。

"从现在开始学习，还赶得上考试吗？""如果失败了，会怎样呢？"面对种种不安和担忧，有时孩子会难以向父母开口。即使去补习班，或者考虑升学的学校，有的孩子也会对学费问题有所顾虑，"我的下面还有弟弟和妹妹，上那所学校的学费那么贵，家里的经济没有问题吗"？这些不安和担忧有时会一直困扰着孩子。

但是，这个令孩子感到最不安定的青春期恰恰是他们成长的最佳时期。**在孩子步入青春期时，父母一定要陪伴孩子的成长，并需要进一步调整自己在孩子生命中的角色。要作为这个阶段易喜易忧的孩子的伙伴，倾听孩子的心声，为孩子排忧解难，一同确定人生前进的方向。**

在这个多愁善感的年龄，在孩子最需要一个能够倾听自己心声的伙伴时，家长一定要成为孩子的好朋友，引导他们在正确的道路上前进，不要误入歧途。正因为是亲密的朋友，所以不会用语言胡乱伤害对方。当遇到一些要紧的情况，非提醒孩子不可的时候，家长一定要将实话说出口。

作为父母，如果看到一个有问题的孩子（比如品行不好，或没有上进心）与我家孩子交往时，我往往会很紧张。但是，我那时并没有想过要立刻将那个孩子与我家孩子进行隔离，反而我更希望感化那个孩子，让他向好的方向靠近。我希望能够作为他的朋友，让他变得更好，影响他成为更优秀的人。

我们家老二在上初中的时候，有一次我看到平时总是"欺负别人"的同班同学 A 君到家里来玩，虽然他还是个初中生，但是身高已经将近一米八，耳朵上还带着耳钉。到了假期，他邀请我们家老二去海边玩。我们家老二平时一直努力做作业和家事，课余会踢足球，这次听说要去海边他一直很兴奋，而我也没有找到禁止他出去和朋友玩的理由。

但是，我一直提心吊胆地等到他们回来。回家之后，二儿子说："我们去海里游泳了，朋友的脚被鲨鱼咬烂，他拿着脚逃出来的，现场血淋淋的，我想他明天肯定上新闻头条了。"我听得毛骨悚然。他那个时候虽说是初中生，但年龄只相当于日本小学六年级的学生。

在那之后，当这些调皮的孩子来家里玩的时候，我主动提议："不如大家一起去棒球击球馆玩如何？"二儿子看到父母能邀请自己的朋友，感到挺高兴的。"好啊！"他立刻笑呵呵地答应了，然后大家一起出门，去了棒球击球馆。在那里，我私下对 A 君说了这样一番话："因为我们是日本人，孩子刚来美国不习惯，所以不知道的东西很多，我希望他不会被别的孩子欺负了，或者交到坏朋友，请你作为好朋友帮助他吧。"

我特别注意我所说的不是"我们家老二"，而强调的是父母是日本人。

A 君听了我的嘱托，露出了惊讶的表情。可能同学的父母都认为他很淘气，从没有人对他说过类似的话。那之后，他们常常一起出去玩或者出去吃饭，我们家老二和 A 君成为朋友，在一起度过了很多快乐的时光。

从那以后，A君完全变了。他来家里玩的时候，如果碰到我们家老二学习还没有结束，他会说："你还是先学习吧！"从来没有强拉着他出去玩。可能他觉得已经被我们全家认同了，不愿意背叛这些相信他的人。A君很在意我们家老二，当老二考到另一所高中的时候，他特意赶到二儿子的毕业典礼，还悄悄地摘下耳钉作为礼物，并且很正式地祝贺他。

随着年龄的增长，孩子长得越来越高、越来越壮，但是作为初中生，他们的情绪无处宣泄，也很少有真正的情感。即使他们最初抗拒这种感觉，也不会不由分说地告诉别人。如果周围的人能以真挚的友情相待，孩子这种孤寂的心态就能有很大的改变。

对孩子来说，他们很讨厌父母说自己朋友的坏话；如果家长能够认真对待他的朋友，孩子就会变得非常高兴。在青春期，家长也会在意自家孩子所中意的异性。我们家的三个孩子都曾把约会对象带到家里做客。我记得当时我和丈夫都把他们的对象当成自己的孩子一样疼爱。

家长不必想着"孩子已经长大了，跟成人已经很接近了，所以不妨放手，就由着孩子自在吧"；也不该认为"孩子已经到了青春期，不理他就行了"。**无论何时，我们都要成为能与孩子轻松交谈的亲密伙伴，这就是我家的青春期育儿方式。**

"你是怎么想的？""这样不是很好吗？""不要紧，你一定能做到的。""要我帮忙吗？"正因为家长是孩子的好朋友，所以可以随时提起话头。家长的这些话语，会给孩子们带来巨大的力量。

手记：

和朋友竞争，共同进步

刚来美国一两年的时候，作为初中生的老大第一次参加托福考试，我们一起在家里做了模拟练习，我跟大儿子两人开始了比赛。"我比妈妈还厉害呢！""你只花了一两年的时间学习英语，就达到这个水平，可真厉害啊。虽然我的英语对话水平还差一点，但我以前还是个英语老师呢！"我们两个愉快地聊着天，丈夫也来支持我，二儿子和小女儿在一旁起哄。比赛的结果竟然是个平局。

和儿子考出相同的分数，可一点都不会失去为人父母的威严。得到这样的结果，老大的自信心大涨，二儿子和小女儿也高兴得不得了。**即使再艰难的学习，只要和水平相当的朋友一起竞赛，就能边学边笑，共同进步。**

父母的鼓励和正确引导,对孩子的健康成长有至关重要的影响。

在孩子成人之际，要做好父母

无论是选择升入大学，还是步入社会就业，18岁都是孩子成人的关口。孩子"离开家长"的时刻，也是家长"离开孩子"的时刻。这个时刻，仅仅是作为好家长的开始。

"Free to go"这个词你听说过吗？这是美国人在孩子18岁时的专用词汇，即描绘"父母离开孩子，孩子也离开父母"的时刻。高中毕业后，大部分孩子都会高呼"我可等到这一天啦"！然后迫不及待地离开父母和父母的家。

在"Free to go"这个阶段之前，家长要尽量充分地引导孩子，因为这之后育儿阶段就大体结束了。我想，在孩子即将升入大学的18岁，家长要让孩子在一定程度上确定自己的将来是什么样子的。

当然，这并不是说孩子一到18岁，做母亲的就不再对孩子牵肠挂肚，也不再负任何责任。只是从那时起，我们和孩子的关系就有必要更进一步了。我们不只是孩子的好朋友，也要成为好家长，成为能和孩子亲密对话的伙伴。作为父母的我们，

角色又需要调整了。

这时候,我们没有必要突然对孩子说:"你已经18岁了,是大人了,我以后也不会说你什么了。"可以在聊天的时候,鼓励孩子说:"你之所以成为你自己,是因为你有别人没有的独特之处。"这样的话,孩子们也能领会话中真正的含义,他们也开始有这个自觉:"从今往后,我就要走向社会了,我必须要开始好好思考我的人生了。"在这种自我认知的基础上,也要开始自立和自律,从内心真正认识到"我得好好干了"以及"不能轻言放弃"。**我所谓的好家长就是在孩子成人的关口,守望着他们的身影,并帮助他们走向社会。**

其实,我是在小女儿长到18岁的时候,才第一次成为这个好家长的。对于她的两个哥哥,我一直享受着做他们的好朋友。我想,我也因此失去了变成他们的好家长的时机。好不容易等到小女儿成人之际,我意识到,我终于能够成为她的好家长了。

我至今还清楚地记得,我作为一个好家长的首份工作。那是小女儿刚升入UC伯克利大学之际,她和我商量:"我要不要参加学校里的俱乐部呢?实在是很犹豫啊!"

在美国,大学入学时学生们会加入各种俱乐部和社团,还要参加各种派对,算是在社交界的正式出道。但是,我也十分担心,小女儿上了UC伯克利大学之后,学习会不会很紧张,要是再参加各种俱乐部的活动,忙得把身体都搞坏了可怎么办。小女儿一直是以成为大学老师或者律师为人生目标的,那么,我想她有必要考虑一下,自己到底想要什么,不想要什么,做一番取舍。

其实小女儿也会担心,如果不参加俱乐部活动,可能会渐渐地和同学疏远。但是她也不必勉强自己,硬要迁就朋友,而且她也有一些朋友是同样没有加入任何社团的。因此,我给了小女儿这样的建议:

要是不参加俱乐部活动,你的生活也不会因此变得无趣。虽然我不清楚你具体是怎么想的,但是这正是一个可以选择的机会,你到底是想以社交圈为主生活,还是以职业女性的身份为主生活呢?

我虽然不想强迫她放弃俱乐部的选择,但是也认为能不参加更好,因此说了一些冠冕堂皇的话。

最终,在一番苦恼之后,小女儿还是选择了不加入任何俱乐部,她直到现在还在说:"那个时候,我妈妈把她的意见强行塞给我了哟!"她是微笑着说的,其中一半是自己的真心话,未说出口的另一半意思是无论妈妈是否将想法强加于我,最后做决定的还是我自己。正因为是她自己最后决定的事,所以不会后悔。

每一位父母都希望自己的孩子幸福快乐,无论孩子年龄多大,家长的这个希望都是不变的。正因为如此,我们不要推辞孩子的求助说:"你自己已经是大人了,自己定吧。"作为长辈,要带着做家长的自信,真诚地给予孩子意见。

刚刚成年时,孩子会面临种种苦恼,困惑不前。我希望在这个时候,各位家长能够告诉孩子:"请不要有任何顾虑,有什么麻烦就跟爸爸妈妈聊一聊吧?"当孩子希望独立自主,展开羽翼飞翔的时候,家长也不要认为对孩子的培养就结束了,这时我们有必要变成真正意义上的好家长。

要为孩子描绘将来

所谓对未来的憧憬,可能是孩子小时候的梦想,也可能是孩子上了初中、高中后,抱有的新梦想。我认为,对未来的憧憬,即使中途改变了也没有关系,只要孩子能够具有描画未来的能力。以后到底想做什么,想变成什么样的人,是律师还是运动员,只要有模模糊糊的概念就可以,重要的是他能够认定"我想要的是这个"。这样,孩子就能够为自己创造出适当的环境,也能够以此为重心选择合适的大学和研究生院了。

虽然对未来的规划和思考非常重要,但也不要因此而停止了前进的脚步,思考和行动要同步进行。这样一边摸索一边实践,就能够尽快认清现实。换句话说,自己"喜欢的事"和"擅长的事",以及"想做的事"都可以在现实中实现。我想,这样的人生也是一个积极向上且快乐的人生。

父母不可能一辈子守护孩子

所谓的家人和家庭，能够守护孩子的"内部"环境，并守护至家长的手眼所不能及的"外部"广阔世界。

所谓的成长，就是孩子能够伸展翅膀，获得生存能力的过程。

首先家长自己要成为孩子，之后再做孩子的好朋友，最后成为一个好家长。在孩子们成人之后，我才真正看清楚自己在整个育儿过程中的不同阶段不同身份的变化。当家长踏踏实实地完成整个育儿过程之后，就能看到这个成果。当然，每个家庭育儿的结果都是不同的，不能单纯地评价为好或坏。

如果您的孩子总是精神饱满，不畏失败，勇于挑战，而且乐于接受任何结果，并继续努力，这难道不是育儿的最好成果吗？

但是，在孩子的成长道路上，总会遇到重重障碍。孩子幼年时，家长可以及时出手保护，提醒孩子"不要做危险的事，不要去"！但是当孩子长大成人之后，终归会振翅高飞到父母手眼不及的地方。也就是说，作为父母是不可能一辈子都把孩子庇护在自己的巢穴里的。做父母的常常忘记这个浅显的道理，可能这就是所谓父母情吧。

我家的几个孩子大约是在小学四年级末，快上五年级的时候，忽然变得更容易受到家人以外的环境影响，我觉得他们变得越来越容易受到同班同学的影响。

我们家老大在那个年纪的时候生活在日本，因此受到的影响最大。在学习钢琴的时候，他总说："周围没有一个男孩子在学习钢琴，学这个一点也不帅气。"然后每次上钢琴课的时候，他总是装个样子就旷课了。在学习算盘时，为了早点结束，他就满不在乎地用电子计算器来代替。

在此之前，并不是说孩子从未受到外部的影响，只是因为孩子们的年纪尚小，我和丈夫一直守护着"家庭"这个城堡，虽然孩子们可以自由选择朋友去交往，但是我们会一直关注那些躲着父母玩耍的孩子，还有那些家长在附近就装模作样的孩子。到了五年级左右，孩子会需要一个"孩子自己的世界"，我也是那个时候才意识到，家长是不可能一辈子都保护孩子的。

我们都希望周围的人和环境能够给予孩子好的影响，孩子接触到的都是对自己有益的人。我想不仅是我，所有的家长都有这样的愿望。但是，现实总是不如人意。**孩子总会受到一些不好的影响，家长也不可能 24 小时守在孩子身边。所以说，父母想保护孩子一生的想法，是不可能实现的。**

也有的时候家长会琢磨，我把孩子培养成现在这个样子就

可以了吧。但事实是,无论孩子长到几岁,家长都会一直操心下去。因此,**我们要做的不只是关注孩子眼前的生活,更要培养孩子的生存能力。**

所谓的育儿是在家人和家庭的范围内保护孩子,使孩子的心理和各方面能力足够强大,以此来应对家庭以外的各种环境,也许这么想才刚刚好。

第四章 促进孩子成长,父母需要掌握的交流技巧

了解孩子的个性，发挥孩子的特长

因为跑得快，所以从事足球运动。父母认清了孩子的个性和特长之后，就可以让孩子把兴趣和特长联系起来。

"这孩子，有天生的才能哟……"这么说可能显得有些夸张，但也没哪个孩子是百年不遇的天才。如果家长能够在孩子上小学三年级的时候，从某种程度上认清孩子天生的素质，那就再好不过了。孩子喜欢的事通常是他很擅长的，有时候孩子自己没注意到，但其实每个孩子都有自己的特长。

我们夫妇两个就真正看明白几个孩子的特长了吗？说实话我也不知道。只是我们家老大和老二当时特别喜欢踢足球，所以我们经常带他们去看职业足球比赛等高水平的竞技比赛。我想，孩子感兴趣的事往往是他们具有天赋的事。

如果我们家老大和老二都跑得慢，那么想成为足球选手就太难了，这也是理所当然的事。如果是那样，我可能会引导他们学习钢琴，或者其他什么乐器，将他们引到学习音乐这条路上。也可以将科学和实验等其他方面的事物摆在孩子面前，看

看他们是否有兴趣，是否有这方面的素质，然后再创造一个适合他们发展的环境。

虽然我们家老大和老二都有运动素质，但我发现小女儿的性格很不同。她不像两个哥哥那样具有竞争意识，如果碰到兄妹几个要分什么东西，她总是会说："我不要也没关系的，按哥哥们喜欢的安排就好了。"并不很在意别人是否拿了她东西，或者挤占了她的名额。她觉得体育运动能够锻炼身体就行了，并不要求出什么成绩。

当然，父母并不能百分之百地了解每个孩子的素质，如我们家老大，其实他在日本生活的时候就跑得很快，但是当时我们做父母的并没有意识到。直到来了美国，大家都说："你们家儿子跑得很快啊！"

在育儿的过程中，我一直认为，要磨炼孩子的一个强项，无论是体育还是音乐，都可以成为他们的精神支持。**当孩子具有某一种特长时，即使偶尔沮丧，陷入消沉，他的这个特长也会救赎他，帮助他重新站起来，更加坚强地生活下去。**

为了实现这一点，家长不妨一边期待一边观察，以发现孩子是怎样的个性，具有怎样的素质，对什么产生兴趣。有的家长可能会问孩子："你了解自己的个性吗？"这样的交谈也是可以的，有时会发现孩子不可思议的特长。

如果孩子突然表现出"想成为演员"的兴趣，家长也不必立刻否定，可以坐下来和孩子一起畅想一下，如果今后真的成为演员，需要如何做，掌握什么本领，这样不是更好吗？

手记：

让孩子拥有别人没有的特长

对于那些不喜欢学习的孩子来说，多数情况都是不擅长某个科目的学习。我们不妨换个角度想问题，让孩子背诵一些国家和首都的名字、英语单词，甚至是营养剂中维生素的名字和物品的剂量单位，这些都是大多数人嫌麻烦不愿意背的东西。如果有人说起来："哎呀，这个太难了，我可不会，不过咱们可以问问那个孩子啊，他什么都知道！"**当这个原本不喜欢学习的孩子拥有了一个特长时，他就会变得很有自信。**

如果孩子觉得背诵某个东西很难，可以全家人一起帮忙，家里的每个人每天背诵一个项目。这样全家人一边聊天一边背诵，谁都不觉得枯燥。孩子经常在这种其乐融融的氛围里，不知不觉地就背了下来。

父母要帮助孩子做好职业规划。

第四章 促进孩子成长，父母需要掌握的交流技巧

决定的事情尽可能不反悔

规则就是一种制约。如果不能遵守规则，也就失去了做事的信心。比起遵守规则，更重要的是将生活的意义与之相结合。

一个规则的制定，多数情况下是为了达到某种制约。当然，在各种各样的家庭里会发生各种各样的事情，也会因此制定一些规矩。但是，在每天的生活中，孩子们要非常清楚什么是可以做的，什么是不能做的。有时候孩子可能不明白为什么不能做，这时候家长就要好好给孩子解释清楚，不用一开始就制定严格的规矩。

我们家的方针是，尽可能不定规矩。我们从来没有要求过孩子"每天的学习时间是几点到几点"或者"这种事不要做"，这样的规矩一个也没定过。其实，倒不如说做父母的我和丈夫是最先不能遵守规矩的。要是制定一个连我们都遵守不了的规矩，不就给孩子们留下一个"你看，你们俩都做不到"的印象了吗？

要是定了规矩却遵守不了，那就失去了这方面的自信，会

起到反效果。要是定的规矩太多,总有一天会遵守不了的,也就失去了信用。我觉得那样的话反而痛苦,也是没有意义的。与其这样,倒不如尽量给孩子们自由,让他们自己充满干劲。我想这样的话,孩子会主动帮助家长,询问"有需要我帮忙的事吗"?这才是我想要的育儿方式。

在孩子们的成长过程中,我们很自然地将一些体力劳动交给两个儿子做,而遇到一些文件制作和事务处理的工作,就由女儿来负责。无论谁遇到麻烦了,大家都会互相帮忙,因为他们都知道要是大家都不做的话,活儿就干不完了。即使别人分内的工作,他们几个也会毫不犹豫地互相帮忙。几个孩子很自然地就接受了这种做事方式。

当然,我们也和孩子们做过一些约定。**第一个是绝对不能撒谎,无论是谁,无论做了什么不好的事,或者和朋友之间出现任何问题,都不要隐瞒,一定要诚实。第二个是无论什么事,如果有烦恼或困惑,一定要跟大家说,一起商量解决。**

举一个生活里的例子,就是我们约定好不要挑食,各种食物都要吃以及再累也要洗干净再睡觉,要是哪天晚上回家太晚,可能会想随便冲个淋浴就算了。但是我始终认为,把身体洗干净,再慢慢地泡在澡盆里,那么一天的疲劳都会消散,身体也会变得更健康。正是因为有了这样的约定,在我的记忆里很少有督促他们的时候。

对父母也是一样的要求,**无论什么时候都不要对孩子有隐瞒,一定要诚实。要是父母撒了谎,或者顾虑面子做了些违心**

第四章 促进孩子成长，父母需要掌握的交流技巧

事，那孩子们也必定会照着做。如果父母总是把自家孩子和别的孩子相比较，那孩子肯定会变得羡慕别人，嫉妒心很强。我们希望孩子能够承认其他的孩子确有擅长之处，而且可以真诚地给对方祝福，"虽然我现在这方面做得不如你那样好，但是我会试着努力"。为了培养孩子做到这一点，首先父母必须是诚实的。

当然，如果家里已经制定了一些规矩，而且孩子也肯努力遵守，并为此严格要求自己，这说不定也是一种好的选择。但是请各位家长记住，最重要的不是遵守规则，而是制定的这些规则是否真正能够成就孩子的幸福。无论规则如何，都要培养孩子成为有价值的人。从这个意义上说，随着孩子的不断成长，规则也要相应地改变，这才更顺应自然规律。如果在制定规则前，能够充分考虑家庭的含义，以及规则是为谁制定的，自然就能够了解在各种情况下该如何做了。

孩子的叛逆期是父母的机遇期

每个孩子都有叛逆期,只是表现出来的程度有深有浅。

这是孩子成长的必经阶段,也是教会孩子要体谅别人的好机会。

"孩子要不就顶嘴,要不就反抗,那我干脆什么都不说了。"有的孩子在青春期非常叛逆,他的家长有可能会产生这样的想法。

为什么孩子会突然开始顶嘴,或者沉默不语,不听家长的话呢?那是因为父母的重要性越来越低,跟孩子们的关系渐渐疏远了。而且,要是孩子从小就听父母各种各样的建议,到了青春期的时候就会顶嘴:"怎么还说啊""你又来了,这些话我都听腻了"。

大家可以想一想,如果总是被人唠唠叨叨说同样的话,每次都能预想到对方要说什么,那谁都想要反抗。本来被别人说来说去的就够烦了,如果父母还是这样整日说教,孩子自然不想看见父母了。

每当孩子自己想要做某件事时,父母却说:"你就这么办

第四章 促进孩子成长，父母需要掌握的交流技巧

吧！"孩子们会认为我又被父母耳提面命了。这时候，他们就会顶嘴说："我现在做的正是这个啊！"如果家长改变一下做法，让孩子觉得这是我自己做的，可能效果会更好。除了一些极其危险、关乎性命的事，家长一定要提醒以外，其他的就没有必要说得那么多了。

我家的三个孩子几乎都没有叛逆期的任何体现，偶尔发牢骚、冷脸子，算是小小的叛逆吧！碰到这种时候，我都会这么说："那好吧，如果你真的喜欢就这么做吧，不过你要是有真正想要的东西，或者真有想拜托我做的事，妈妈也不会理会的。"

你是否会经常碰到这样的情况，你很想做某件事的时候，孩子却偏偏不肯。其实，孩子既然不肯做，也就算了。在我的印象里，我们家老二的这种小逆反的次数是最多的。我对付他的小方法是对他说："回头你邀请朋友来家里过夜的时候，我也不干活，不给你们做饭怎么办呢？"通过各种各样的说法让他能换位思考。这样的话，孩子们经过一段时间的思考，最终都可以理解了。

其实，对付处于叛逆期的孩子，家长最好的态度是倾听。当我们很想站在父母的立场给孩子建议时，不妨先听听孩子是怎么想的。 这样，孩子们不会自以为是的遵循己见，也就能够试着站在父母的角度思考问题。只是，我认为有时候家长也要适时地反击孩子，这样就能趁机教育孩子要站在对方的立场思考问题。如此说来，孩子的叛逆期正是一个绝好的成长机会。

夸也好、骂也好,孩子都会成长

夸奖和训斥是表里如一的。

在日本,家长总是认为直接训斥孩子会伤害孩子的心灵,因此常常犹豫不决。特别是在责备别人家孩子的时候,总是顾虑"人家父母的反应",这种事很常见。也许就是因为这个,家长变得很少训斥孩子,而是更加重视夸奖孩子。

但是在美国,无论是对自己的孩子,还是对别人的孩子,家长的表现都是一样,可以赞扬,也可以训斥。对于任何事,夸奖和训斥都是平衡的。我认为,无论夸也好、骂也好,都是对孩子成长有益的。

在美国,我每天都能实实在在地感受到美式的"称赞有利于孩子成长"。在棒球比赛中,当孩子在不该击球而击球被罚下场时,父亲会对孩子说:"你做得挺好的,要不是因为你击球了,你的队友就不能换垒,那下一个球就很难应付了,这么一来,场上的局势就变得对咱们有利了。"这位父亲简直就是说,多亏孩子刚才如此处理这个球,这次击球反倒成了场上逆转的关键。如此想来，确实有败中取胜的意思。父亲接下来又继续夸奖孩子："你做得不错，这样咱们队就更有优势了。"

这个场景要是换在日本，父母很可能会说："你被OUT了，真是太遗憾了。"其实当孩子被表扬时，他会觉得"是这样的啊"。我们家老二曾经经历过类似的场景，当时周围的人都拍着他的肩膀给予了称赞，孩子很快就重新带上微笑，恢复了自信。

顺便说一下，要是我家的几个孩子能够在实际生活中发挥自己的能力，我们就会毫不犹豫地赞扬他们。因为我们非常重视理论在实践中的应用，因此孩子总能够灵活地应用那些"从别人那里听到的方法"，或者是"从某本书中读过的知识"，以及"在练习中做过的训练"。

比如，当孩子在露营的森林里发现曾在《自然图鉴》中看到的菜粉蝶时，惊呼一声："啊！这不是我在书里看过的吗？"我们就会立刻表扬他："这都认出来了，你挺棒啊！"因为我们希望孩子不仅能在书桌前学习，更能够将书本知识应用到现实中去。当然，这个时候孩子是最高兴的，他会觉得他看书得来的知识真的很有用啊。

家长也不必绞尽脑汁，无中生有地去夸奖孩子。但是，当孩子意志消沉的时候要适时地鼓励他。当家长确实从心底里想要夸奖孩子的时候，就一定要好好夸一下。

当批评孩子的时候，要把批评的重点放在会影响孩子幸福的事上。让孩子好好想想，为什么这样做是不好的。**家长不要喋喋不休地反复批评，说完了重点就要结束。批评的时候，把**

问题摆清楚、讲明白，争取做到不留后患。批评该结束的时候就要干脆地结束，让孩子把重点记住就可以了。

"你到底在做什么呢！"某次我们全家在餐馆就餐时，听到隔壁桌上一位母亲对孩子的斥责声。我抬起头望过去，只见她们桌上的一杯果汁被打翻了，溢出的果汁撒了一桌子。

其实，在这样的时候，家长首先说出口的不应该是责备的话，而应该是关心地询问："你没问题吧？"再对孩子说："看来咱们两个以后都得注意了啊！"然后和孩子一起拿过抹布，让孩子学着如何收拾。最后还要叮嘱孩子："小心点啊，以后妈妈也得注意放杯子的位置了。"

这就是与其先批评，不如先照顾孩子的情绪；与其把注意力放在搞砸的事情上，不如把重点放在如何避免下次再犯错上。给孩子留下一个正确处理问题的印象更重要。与其消极地对孩子做错的事情一味训斥，不如积极引导孩子以后不再这样做。如此一来，即使小孩子也会明白犯错的原因是什么，也会知道犯错之后该如何收场。

有一次，我们家老二邀请足球社的朋友来家里留宿，没想到一下子来了500多人。这么多小伙子忽然涌到我家的街道上，可给街坊邻居们添了大麻烦。那时，我和丈夫都外出了，接到电话时，自家已经被10台以上的房车包围，引起了不小的骚动。原来是儿子的朋友又邀请了朋友，连锁反应导致来的人过多。可能在日本这种事令人难以想象，不过，好像在美国这样的麻烦偶尔就会发生。父母会觉得怎么会出这种不可思议的乱子呢？因为确实是不可抗

第四章 促进孩子成长，父母需要掌握的交流技巧

力造成的，所以我们没责备孩子，只是让他下次注意。

但是，这样的事居然又发生了一次。我们出门去招待从日本来的朋友，当时二儿子的脚刚好受伤了，于是我们把他托付给朋友就出门了。二儿子说，他只邀请了足球社的几个队友和前辈来家里玩，没想到，又像上次一样来了好几百人。最后没办法，他自己打电话叫了警察。

因为我们已经不是初犯，所以警察的态度也变得严厉起来。"招这么多人到你家来，要是谁出点儿事怎么办？要是人家孩子的父母起诉，可会要求赔偿巨额费用的。你们家可能被弄得乱七八糟，或者设备被毁坏，甚至可能把整个房子毁掉。到时候要把房子修葺好就要花一大笔钱。你真该庆幸，还好这次你自己和家人没有什么真正的损失！"听了警察严厉的教训，老二和我们俩都吓得脸色发白。

在我家第一次出状况时，警察就要求我们注意了。他认为那时候我家老二和我们夫妻两个应该都很认真地加强戒备，我们全家人都应该深刻反省自己了，所以并没有非常严厉地训斥我们。这次才发现，原来我们低估了这种情况的严重性。即使没有受到责罚，我们仍体会到如果再不好好自我反省，这种情况在美国真的可能会出大事的。因为那次发生的事故确实超出了我们的经验和想象，所以我们也没有训斥孩子。

当孩子给别人制造了麻烦时，我一向的做法是要在出事的当时，就教育孩子，直到他明白。不要在事后啰唆个不停，或者翻旧账说："要说起来，你那个时候干过什么什么事……"因

为孩子这次犯错并不应该和其他事情联系起来。

在表扬孩子的时候，也是同样的道理。如果家长总是无休止地赞扬孩子，孩子就容易养成不被表扬就做不成事的习惯。如果孩子总是理所当然地被人夸奖，当家长偶尔严厉地要求孩子注意某事时，孩子就会觉得"真烦啊"，然后避而远之。

夸也好、骂也好，都要遵循"当时、当地，就事论事"的原则。

不能让孩子有"我这样做，你会生气的"想法

很多时候，家长无心的一句话，会对孩子产生很大影响。

我们不要在意别人的眼光，也不要遵循别人的规则，请父母用自己的语言，对孩子讲话。

在日常生活中，我从来没有考虑过有什么话是不能说，或者不要说的，也没有什么所谓的禁词。

换句话说，我说话特别随意，从来没什么顾忌。无论是好事还是坏事，是夸奖还是批评。对我们家的三个孩子也都没什么避讳，什么事都能敞开了聊。

但是，有很多父母非常在意一些话。比如，这种批评的方式："你这么做会被骂的，快停下来吧！"如果孩子在公共汽车里忽然开始嚷嚷，或者穿着鞋子就踩在座位上时，家长当然要立刻制止。"你再这样做的话，周围的人就要生气了！"这样的话令人困惑，最好不要说。再比如，有的家长会说："要是实在找不到，就糊弄一下好了。"这种说法同样起不到好作用。

"不学习的话,就不能成为了不起的人哟!"这也是我们经常能听到的话。但是这个所谓的了不起的人到底是谁呢?如果孩子反过来问我:"你说的这个了不起的人,到底是谁啊?"我肯定是回答不上来的。还有其他的说法,如"你得考上好学校啊"以及"你要是能去个好公司就好了"。

虽然在我家经常会把最好的东西展示给孩子看,但是我们从来不说"好学校"这样的话,因为我和丈夫也没上过这所学校,当然不清楚到底是好还是坏。虽然大家都说很好,不过到底怎么样呢?这种事情一定要让孩子自己去考虑,用自己的眼睛来确认。

另外,我也希望各位家长不要轻易相信从别人那里听来的说法,并摆出一副完全了解的样子告诉孩子:"因为大家都是这么说的,所以我也必须这么想!"这种人云亦云的做法会在孩子心中生根发芽。

如果孩子是以考取东京大学为目标的话,我可能会对孩子这样说:"虽然我自己并没有上东京大学,对学校的情况也不太了解,不过这是一个大家都交口称赞的学校,你来挑战一下也不错啊!"或者说:"与其选个大家都说不好的地方做考学目标,倒不如选这个大家都说好的学校,这样多让人兴奋啊!"还可以再加上一句"要是能被录取总好过后悔,你不妨试试看"!

我觉得,除了这些话,家长就没有必要再多说了。

第四章 促进孩子成长,父母需要掌握的交流技巧

补习班不是保险箱

学习是要靠自己的。

即使孩子去上补习学校,或者在家里和家长一起复习、预习,能否获得知识,能否提高成绩,靠的全是孩子自己"做还是不做"。

我们夫妻二人在经营补习学校的时候,每天都能看到学生们高高兴兴地来上补习班,要是碰上节假日或者体育大会等,我们在一起也玩得很开心,在补习学校能让孩子们安心放松。但是,和体育大会相比,孩子们要是能在学习方面得心应手的话,就更开心啦。

我常常对补习学校的学生们说:"学习是要靠自己的。"要是每人每周只花两三天时间,再上个补习班就能提高学习水平,那所有人都能考满分了。那么,既然大家都一样地去补习班,理论上应该大家都考同样的成绩,可实际情况是不一样的,这是为什么呢?

补习学校是一个教会学生学习方法和知识要领的地方,大

家都记住了这些要领之后,就要靠自己来进行练习。"越练习就越有长进""功夫不进则退",这个道理是显然的。父母和补习学校的老师只能起到辅助作用,他们是不能陪着学生进入考场一起考试的,更不会在孩子步入社会之后,一直形影不离。学习成绩好的孩子和成绩不好的孩子,唯一的差别就是"能不能自己做好"。

学生在上初中之时,需要掌握很多基础知识。学习得越多,成果也就越显著。分数的高低与孩子在书桌前坐的绝对时间长短并无直接关系,而在于真正学习的时间长短。从高中开始,以一定程度的知识积累为基础,学生自己的理解能力就非常重要了。在这个阶段,每个人也能认清自己的个性。在初中积累的知识基础之上,高中阶段学生要建立起自己的学习"大厦",这也是学习和自成长的一个过程。

很多补习学校为了提高学习成绩,培养孩子"学习的精神",就下功夫去提高学生的干劲。教师们一边花大量时间准备教材和讲义,一边鼓励同学要精神百倍,同时更要定住心神。但是,我们总能碰到一些不配合的孩子,他们没能形成"学习的精神",这时需要父母出场了。家长不要把所有的工作都交给补习学校,而自己放手不管。要给孩子很多的选择机会,和孩子一起确定具体的学习目标。有些孩子不知道如何发泄自己的情绪;有些孩子嫉妒心很重;有些孩子十分烦躁,这个时候,能够开导孩子的除了亲生父母,没有其他人。

互联网的存在,让很多在家学习的孩子也能和上补习班的

第四章 促进孩子成长，父母需要掌握的交流技巧

孩子取得同样的成绩。这些孩子往往有一个明确的学习目标，对于学习的质量要求也很高。另外，也是因为培育他们的父母可以给予孩子恰当的教育。

但是我也发现，为了消除一个孩子学习的寂寞和不安感，在一个有同伴陪伴的地方一起努力，这样的方式被越来越多的家长和孩子接受。补习学校的存在价值也随着时代的改变而变化了。

学生们上补习学校的第一目的就是提高学习成绩，但是目的不仅于此，我认为孩子们要是能够和同样努力学习的同龄人成为朋友就更好了。

对性格不同的孩子，要有不同的语言艺术

语言会在无意间伤害对方。

虽然批评的方式是相同的，但是接受批评的方式因孩子不同而有所不同。 说话的对象是谁，批评的方式如何，都需要家长注意。

"你对时尚的感觉真糟糕！"我对小女儿半开玩笑地说。那次我和小女儿一起逛街，去挑选她初中毕业舞会（毕业典礼）的裙子。"您来帮我挑件漂亮衣服吧？"每次小女儿总会求我陪她一起去买东西，但没想到我的这句话是小女儿最讨厌的说法。

在小女儿成为大学生的某一天，她又把我当时的这句话重提了。

"我要是什么事没做好被批评了，自己肯定会反省，也会改变自己的行为。您要是说这个颜色不好，我会选别的颜色。但是，对时尚的感觉是很感性的，我又没法改正。被您这么一说，我都不知道该怎么应对了。"

第四章 促进孩子成长，父母需要掌握的交流技巧

当然，我可不只对小女儿一个人说过这样的话。当我陪着两个儿子买东西，而他们选了不相称的东西时，我也会说："你们对时尚的感觉太糟糕了！"但是，我们家老大完全不在意，我若觉得不好看，他反而会坚持买下来，"反正我喜欢这个，我就觉得这个挺好"。日常生活中，即使他觉得我穿衣服怪怪的，也绝不会多嘴。我们家老二会问我："您难道真是这样想的吗？"然后他会悠闲地去选别的东西。有时候也会问我："妈妈，您看这个，不好看哟。"

但是，我们家小女儿不一样。她会带着点脾气地说："要觉得我选得不好，那妈妈帮我选吧！"我当时还以为她挺信任我挑衣服的眼光的，于是我接着说："人啊，对时尚的感觉可能改不了，要是觉得这个颜色不称你，那你就直说可以再换嘛。"没想到我无意间说出的话，伤害了女儿。

我家的孩子真是三人三样，每个人对同样一句话的理解都不同。我说的同样的话，有的孩子无所谓，有的孩子就会受伤。

以后像这种"对时尚的感觉不好"或者"脑子不聪明"之类的话，绝对不能说。因为感觉是因人而异的，很难随意改变。

确实，要是家长能换一种说法，比如"那件衣服不适合你"之类的，就能让孩子感觉到家长是支持自己的，也更容易接受。

让孩子学会扬长避短

每个人都有擅长之处和不擅长之处。与其说擅长的就 OK，不擅长的就 NG，不如将重点放到培养孩子适应各种情况的能力上。

虽然说孩子是天才，但并不代表他是一个什么都会的全才。每个人都会有不擅长的方面，生活中可以尽量避免，这不会影响生活的。

相反，每个人擅长的事也不会是一成不变的。如果能够接受当时的情况，总有那么一个瞬间，会面临新的选择。无论怎样，我把这种能够迅速适应身边环境的能力称为适应力。

我们家的两个儿子都痴迷于足球运动，特别是老二，他在高中的足球社里非常活跃，足球水平真的很高，也曾认真地把成为职业足球选手当成人生的一个目标。当时指导他的教练很厉害，是英国的一位前职业足球运动员，曾和被称为"足球之王"的贝利同场竞技过，体格也非常彪悍。他在一次比赛中因头球受伤，导致一侧耳朵失聪，无法继续从事职业足球运动了。

第四章 促进孩子成长，父母需要掌握的交流技巧

于是，他一边在大学里当讲师，一边在足球社做教练，走上了一条与自己之前期望不同的人生道路。

老二对教练的指导非常感激，但他也曾为自己的前途担忧过。"我作为一个日本人，体格并不强健，能否在职业足球运动员的路上一直走下去呢？"他特地找我来商量，我当时很诚实地对他说："要是你觉得真能够做到，就尽量去做吧！"我并没有否定他。他可以从事足球这个职业，即使不走这条路，也有各种各样的人生道路可以选择。不久之后，二儿子决定了，他说："既然不能成为职业足球选手，那么我就享受心爱的足球带来的乐趣好了！"从此他改变了足球练习一边倒的生活，把精力放到了其他事情上。

即使周围的人没有制止，孩子们也能够在某个时刻了解到自身的局限。有一个道理大家都明白："没有人能够随随便便成功！"只要孩子有干劲儿，肯努力，不超过身体的极限，就有可能实现自己的梦想。孩子都是超级乐观的，经过如此艰苦的挑战，得到任何结果都是他们自己的事。

所以，无论目标是好的考试成绩，或者成为职业运动员，还是进入演艺圈成为演员，即使孩子的梦想没有实现，但自己曾经为了实现梦想努力过，就绝不会后悔，接下来继续追寻下一个梦想就好了，或者换一种方法继续挑战也可以。

现在反思一下，在我自己心底某处，一直认为二儿子可能会选择别的人生道路，因此，在无意间也制造了别样的生活氛围。尽管二儿子非常喜欢踢足球，但是在当时的氛围里，他受

到我的影响后可能会想:"我要是个子能再高一点就好了""如果受伤的话,可能一辈子都会受影响呢"。但是就算这样,他最后还是自己做出了决定,放弃成为职业足球运动员的梦想,这样即使有过后悔,也会全部释怀。

即使对某件事特别擅长,我们也没有必要一直紧紧抓住不放,更没有必要强迫自己在不擅长的事上下功夫。与其认为擅长的就好,不擅长的就不行,不如将自己的各项长处和短处结合起来,培养自己无论何时何地都能得心应手的适应力。即使有一些不擅长的事也没关系,可以发挥所长,在下次机会来临时,从容面对。

不把父母时代的价值观强加给孩子

有句话说:"以前的事要和老人说,新鲜的事要和年轻人说。"培养子女的方法,也随着时代的进步有所改变。家长与其教育孩子,不如抱着被孩子"教育"的心态,我觉得这样刚刚好。

我和丈夫都觉得要是总和大家一样,就没有挑战的乐趣了。将不同的个性展现出来,这样的生活才好。

但是父母的观念一般都是在很久以前就建立起来的,他们很难接受孩子们全新的生活方式。在我父母生活的年代,他们思考问题的方法和我是完全不一样的。

在当今这个时代,有很多事我们做父母的也不懂。很多家长常常说:"我自己小时候也是这样的"或者"我也是这么过来的"。这些话倒也不完全错误,每个人都是从自己或成功或失败的经历中学到经验,获得成长,一路走过来的。

但并不是所有的事情都符合上述逻辑。随着时代和社会环境的变化,各种情况都会相应改变,家长不能不分青红皂白地

一味要求孩子"你要这么做"或者"你那么做不对,应该这样做"。在孩子不顺着父母的心意时不要立刻予以否定,而应该表示理解孩子:"啊,原来现在还有这样的事啊。"父母也要了解,有很多自己不知道的新领域,自己也需要与时俱进。

我们夫妻二人一直都是这样做的,我们一直努力学习当今时代的育儿方法,来养育这三个子女。我们一直觉得,与其说是我们在教育孩子,倒不如说我们在受教。孩子们也能理解,"爸爸和妈妈不是万事通,他们也有些事是不懂的"。他们在自己弄明白某些事之后,会更积极主动地来教我们。

作为父母,我们生长于和孩子不同的时代,但是我们不能将我们时代的知识当成全部,我们所了解的知识是不够的。世界一直在不断变化,父母不能总是困在以前的价值观中,不能脱离出来。父母不要墨守成规,相信只有通过自己的经验,才能成就孩子的幸福。我们不能做那样顽固不化的父母,要能够接受新时代的事物,能够让孩子们成为这个时代的主人公。

父母的陪伴是最好的教育

与遥远的将来相比，我们更要珍惜现在。正因为拥有今天，明天和后天才紧紧相连。只要我们努力专注做眼前的事，就能感受到从心底而来的快乐。

有一件事大家都心知肚明，每个人今天生活在这个世界上，却不知道明天是否依然会存在。所以，当考虑将来的人生计划时，大可不必太过较真。

虽然可以为孩子尽早地选择合适的人生目标，但这个目标是随时可以更换的。因此，家长不必过于焦虑，可以充分享受每次选择的乐趣。

不只是考虑将来，我们更要考虑孩子当下需要什么，当下正在做的事是什么感觉。而且，我们也要思考现在做的事对孩子的明天会有什么影响。请各位家长试着这样和孩子们一起生活吧。

我总是把现在想做的事，当成自己重返孩提时代后能和孩子们一起去做的事，这样整个育儿过程就变得兴味盎然了。

但是，要是家长总想着"又不得不去给孩子买新衣服了"或者"要是节假日不带孩子外出的话，怪可怜的"，谁会高兴得起来呢？这样的家长不妨试试和孩子一起做自己小时候非常想做的事，就会开心许多。

"这么说来，我小时候特别想和妈妈一起做饭呢"或者"我特别想去时尚的商店里逛一逛"。既然家长也有小时候未了的心愿，刚好可以和孩子们一起去做，趁机实现自己当初的心愿。反过来，如果是自己小时候很讨厌做的事，各位家长请一定不要强加在自己的孩子身上。但是有些事情，可能自己小时候被强制做了，后来发现确实很有益，这种事可以试着让孩子做做看。如果回想起自己小时候被妈妈吩咐帮忙的时候很开心，也可以请孩子给自己帮个小忙，比如说"跟妈妈一起出去买个东西，怎么样"？看到孩子出门前以及回来后的表情差异，也是当父母的一种独特乐趣。

人们常常认为育儿就是必须好好地培育孩子。与其这么想，不如换个角度，想着"今天就让我们和孩子们一起度过快乐的一天吧"或者"要是今天做不到，那么明天我们再试着去做吧"！如此一来，心情就大不同了。

我们虽然身为父母，但也有自己的生活，也可以带着孩子去自己很喜欢的地方。反之，实在不想去的地方，不去也罢。**育儿并没有某种固定模式，而是一种试验，反复去试就好了。当然，犯错也没关系啦，要是不允许出现失误，总是战战兢兢的，就难以享受育儿的乐趣了。**"No play, no error"可是最无聊的啦。

第四章 促进孩子成长，父母需要掌握的交流技巧

家长和孩子、兄弟姐妹以及其他家庭成员这种关系并不是松散的，因为即使相隔遥远，也都生活在同一片蓝天下。今天不仅是因为昨天而存在的，正因为有今天才会有明天。时代总在进步，我们也要与时俱进，不要被未来的某个目标束缚，要更加重视我们真正想要什么，并全神贯注于眼前的事。我认为这才是最好的方法。

每个孩子都有自己的处世方式

学习可以获得知识，开阔眼界，但是，并不是只要学习了，就会变得幸福。幸福来自家庭，来自父母和孩子，来自一个大家都很自信的环境。

一名体育运动员是否能够在赛场上取得成功，很大程度上取决于他的身体能力。但并不是每个人都有无限大的可能性，因为每个人都有不同的极限所在。因此，在体育运动的世界里，是有可能预判某个人未来的成就的。

但是，学习是不同的。我们没法预判学习的将来，每个孩子的可能性也是个未知数。有的孩子在上小学时一个表现，上了高中就有可能变得完全不同。所以，每个人都有可能升入高水平的学校。

按道理说，如果以时间和分量来衡量学习，理论上所有人的学习成绩都会提高。比如，把做了1本练习册和做了10本练习册的两个孩子做比较，后者自然更容易取得好分数，这和孩子头脑是不是灵活关系不大。

第四章 促进孩子成长，父母需要掌握的交流技巧

我也听到过一种说法："如果增加了学习的时间和分量，就没有娱乐的时间了。"虽然，为了达到学习的时间和分量要求确实需要花费时间，但是如果通过努力，逐渐提升学习效率，就能挤出时间去玩乐了。

这个时候父母的参与就很重要。如果孩子们希望家长能够辅导一下，家长就一定要挤出时间来为孩子辅导。但是，我们家总是对孩子说："你不如先请教一下学校的老师吧！"虽然把老师作为私有物并不好，但是如果在向老师请教之前已经把相关的信息整理好，并经过了深思熟虑，那么老师会很爽快地回应你的问题。也许这是美国老师的特点，但是我相信日本的老师也绝对不会输的。

为了进入科学等一些专门领域，必须要具备一定的资质。但是，对于那些喜欢在户外玩耍的孩子来说，即使没能成为一名学者，家长也没有必要叹息："研究室之类，他可进不去呀。"**孩子没有成为一名学者，并不代表他不具备相应的素质，可能只是因为孩子没有以此作为人生目标。**

即使孩子的目标是成为一名学者，也总会有父母认为："要是孩子能上个好大学，在一所好的公司就职就好了。"还有不少家长会对孩子说："为了上一所好大学，你要更加努力学习啊。"

但是各位家长，无论如何请您确认这样一件事：您的孩子是发自内心地认为只要好好学习，就能得到幸福。我可没有自信说这样的话。

对于孩子来说，我认为有关人生幸福的事，只要捡重点说

就够啦。比如,绝对不能做触及法律的事情,如果打破了社会规则,会因此受到相应的惩罚,所以绝对不会幸福的。另外,要注意安全,小心事故,晚上不要去危险的地方。如果孩子被卷入事故或事件,有可能造成身体损伤,甚至残疾,这样任何他想要尝试的领域,都变得难以触及了,因此家长一定要禁止。

说实话,身为父母并不清楚到底如何做才能成功和幸福,也不明白造成失败和不幸的原因究竟是什么。有的孩子凭借自身出色的学习能力考入东京大学,但在那之后失去对别人的信任,患上了心理疾病而无法像别人想象的那样度过人生。

无论是精神好的孩子,还是身体弱的孩子,每个人都有自己的生存方式,家长只需要考虑适合每个孩子成长的环境和道路。我想,所谓的育儿不就是这回事吗?

第四章 促进孩子成长,父母需要掌握的交流技巧

具备特长和实力的人才,更符合社会需要

在全球化时代,即使在最看重"上哪所学校"的日本,大家也在追求这个人"到底能做什么"?

在这样一个时代,人们的价值观和生活方式都发生了改变。很多人觉得是全部更新了,我倒认为日本是在真正意义上变得全球化了。另外,对于学历的认识,也一样发生了巨大改变。

在日本这个所谓的学历社会中,顶点就是东京大学。事实上,有很多日本人有这样的想法,就是"东京大学的学生等同于精英",但是,美国却不同。美国对人的评判标准不是建立在学历上的,所以他们会问出"在哈佛大学这种学校,一直拿到A的这个人,到底会干什么"?

很多哈佛大学的毕业生都非常努力,因为他们知道,自己没有实力,一切都没有意义,所以要具备和学历相符的实力。从这个意义上说,在全球化的日本社会中,把哈佛大学和东京大学对调也是成立的,并不会因为一个人毕业于东京大学就代

表他很厉害,如果没有一项傍身的本领,别人可能会想"从东京大学毕业的人,也不过就是那种水平吧"!这时,他就有可能被消极的看法影响。

相信以后日本社会也会变成不只看重东京大学的头衔,而是会问:"既然你是东京大学毕业的,到底有什么本事?"即使一个人从东京大学毕业了,如果他本身不具备实力,也不会被重视。对于孩子来说,以东京大学为目标努力学习并不是坏事。但是,东京大学不应该是他人生的唯一目标,他还要问自己"真正的本领是什么""到底会做些什么",这才是最重要的。

对日本人来说,大学是能带来人生巨大转机的地方。**现代社会对人的评价标准已经变成"学历+能力"**。所以,我们也要让自己家的孩子符合这个标准。也就是说,**日本的父母有必要改变以往向学历一边倒的态度**。孩子不仅要有学历,更要有别人不具备的特长和实力,这样才能在社会上生存,并不断地成长。

因此,家长不要强制或者逼迫孩子,要让孩子自己做选择。请大家一定要好好理解孩子的心情,试着去接受吧!

第四章 促进孩子成长，父母需要掌握的交流技巧

和孩子做朋友，学会从他们的角度思考问题。

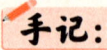手记：

学历的意义有所改变

我并不是想让日本的社会系统变得和美国完全一样，但是，日本正处于全球化进程中，对学历的看法也确实有了很大的改变。

这种对于学历看法的改变不只是一种可能性，而是实实在在发生了。

作为父母，生活在这样一个时代，要一边思考孩子未来生活可能面临的变化，一边适时调整育儿的方法和手段。

第五章

让孩子树立自立心的方法

第五章 培养孩子树立"自立心"的方法

让孩子海外留学

我们夫妻俩担心老大被过分宠爱,在慎重考虑后,决定移民美国。虽然会有不安,但我们在育儿方面并没有压力,那里的环境是非常好的。

在老大十二岁以前,我和丈夫一直在爱知县经营一家补习学校。我们整日跟孩子愉快地相处,指导他们学习。对于我们这样的家庭而言,最终决定移民美国培育孩子,是有自己的理由的。

老大从幼儿时期开始,就被补习学校的学生们当成吉祥物一样捧在手心里,在众位哥哥姐姐的呵护下,倍受宠爱地成长。有时候我们会觉得,因为大家都很喜爱他,愿意满足他的要求,他反而很少主动要求"我想要做这个"。他是个别人让他做什么就做什么,给他拿什么就拿什么的孩子,对任何事的欲望都不强,也没有什么竞争意识。

那时候我们夫妻俩还年轻,老大又是我们的第一个孩子,所以当时我还觉得这孩子性格挺温顺的。但是,当老大上小学五年级的时候,我突然就开始有些担心了。往好的方面说,就是他很诚实,要是换种说法的话,他就是一个白纸一样任人摆布的孩子。原来是我把他养成这个样子了。

那时候我们夫妻俩整日忙碌,所以经常把孩子托付给祖父母来照顾,我们觉得隔辈人是会照顾好孩子的。我那个时候很年轻,每天全力以赴地在补习学校里对学生进行指导,努力成为所有学生的母亲,每天都非常快乐,把大量的时间都花在毕业生和其他授课老师身上。相比较来说,和自己孩子相处的时间就太少了。我们夫妻俩和孩子住在一起,总想着每天大家都在一起生活,也就足够了。直到有一天,一直在家里为我帮忙的母亲这样说:"你每天照料补习学校里的孩子确实不错,但是你总得多考虑考虑自己的孩子呀,我只是他的祖母,而你是孩子的亲生母亲,在孩子看来,咱俩是完全不一样的。"

我们的补习学校里的很多孩子是大儿子学校里老师的孩子,我想可能也是因为这个原因,我们家老大即使在学校里,也很少受到老师严厉的管教。这孩子原本就是个老实的性格,无论是在补习班,还是在学校,整日都处于一个非常宽容自在的环境中。

"如果再这样下去,咱们家老大长大以后怎么步入社会呀,他可是一点抵抗能力都没有。"我和丈夫那时就开始有了这样的危机感。等到老大上了小学高年级的时候,他就学会了在学习上偷懒,在补习学校旷课,在我们没注意到的时候,他总会按自己的想法行事。大儿子逐渐萌发了自我意识。

第五章 培养孩子树立"自立心"的方法

那时候他总是微微笑着,和每个人都不远不近地保持交往,还有些小聪明。他的同班同学也觉得他是一个"什么差事都可以交给他办,可以随便指使的家伙"。我丈夫觉得要是一直这样下去,老大就会变成不良少年的朋友了。那时起,我们开始非常担心。恰恰在那个时候,我又先后生下二儿子和小女儿。我跟丈夫一样担心,"这两个孩子也在这个过度保护的环境中成长,这样对孩子实在不好"。

我们认为如果我们还是生活在日本,环境是不能改变的,这就是我们打算到美国生活的初衷。另外,我发现那些在首都圈生活的亲戚,他们眼中只有自家孩子的应试,而我们也对日本这种"上不了好学校,人生就完蛋"的教育制度心存疑虑。这些无疑都成为暗中的推力,让我们更加积极地筹划移民。多元化的教育。

当我们把视线移出日本时,并没有考虑除美国和英国以外的国家,因为我们非常想让孩子学习英语,所以最终选择了美国,是考虑到我们有到洛杉矶的环球影城和迪士尼乐园等地旅行的经验,这样比去英国更有切身感受。经过朋友的推荐,我们决定生活在美国的西海岸。

在完成补习学校的工作之后,我带着三个孩子,我丈夫陪着我的母亲一起去了美国。虽然我们之前也做过一些计划,但并不周密。全家人都想着用五年左右的时间试试在美国生活。那是一切的开始。

因为学校就在家的附近,所以三个孩子可以一起步行上学。

美国的公立小学和中学的学费都很少,少到我都不好意思。但是,比离家近和费用低更让我高兴的是,每天的生活和育儿都是非常轻松的。每天只要给三个孩子准备带去学校的午餐就可以了。大家吃的都是面包、蔬菜和火腿这类简单的食物,另外再切个橙子,放在口袋里带去就足够了。做母亲的不用每天忍受困倦早起,也不需要费尽心思地准备午餐饭盒,真是轻松啊!

我们家老大上初中时,平时上学的服装就是T恤和裤子,风格非常简单随意,也没有必要买制服,没有人会特别在意其他人的着装。有时候我都忍不住会疑惑,学校的生活这样简单就可以吗?还真花不了多少钱呢,而且我也完全不必像在日本那样介意别人审视的眼光。

"这样的话,看来我们也能做到。"这是我作为母亲首先感受到的。在美国的育儿是没有压力的,而且心情非常轻松的。

第五章 培养孩子树立"自立心"的方法

让孩子自食其力并发挥所长，是父母教育最大的成功。

让低头的孩子扬起头来

"我们有义务帮助弱者"这个思想已经牢牢扎根于每个人心中,因此,大家很热心地帮助我的孩子。受此关照,我们家老大的英语水平也提高了。

一开始,我们全家人生活在一个没有日本人的环境里,那里的居民几乎都是白人,大儿子上的也不是日本人学校,而是当地普通的公立中学,所以,一上学就被白人"包围"了。对于老师们来说,因为他们第一次接触日本孩子,也会感到些许困惑。

美国每个地区的教育制度有所不同,不过一般来说,都实行小学五年,初中三年,高中四年这种"五三四制"。另外,居民可以免面试免费上公立高中。

在我们家老大转校两个月后,我被中学老师叫到学校,老师说:"你们家孩子无论问什么都不回话,我想是不是因为他想家,或者内心抗拒上学呢?"我当时立刻回答:"老师,他不是不肯回答问题,而是不能回答。"

第五章 培养孩子树立"自立心"的方法

因为我们家孩子的数学成绩是很优秀的,所以老师以为他的英语也很好,根本没有意识到他是因为不会说英语才拒绝回答问题。

知道了真实原因后,老师对我说:"很抱歉,我没能尽早发现他是因为不会说英语,才不能回答问题的,我一定会想办法帮助他的。"从那以后,每天下课后都有志愿者帮助我们家孩子,亲切热情地教他英语。他们的那份热情简直到了令人难以想象的程度,这就是"劝人向上的教育"实例,我目睹了一切。我之前以为,在美国生活,孩子就能自然而然地掌握英语,现在看来,现实不是这样的。在老师和同学们的帮助下,我们家老大的英语越来越熟练。

我发现美国人愿意将时间和精力花费在帮助困难的人和弱势的人身上,可能这是从他们"有救助弱者的义务"的思维中产生的。但是,最根本的一点是——支持肯努力的人。**大家都会认同别人的长处,从别人身上找到值得称赞的地方,然后大加称赞。正因为如此,每个人都能发现自己擅长之处,也能将其发挥到极致。因此,在美国总有人会想出新点子,获得新发明。**

当然,日本大众都踏实肯干,这也有其有利之处。但在美国,大家不仅仅只是指责别人的短处,更看重别人的长处,并着重培育,这样更利于每个人发挥特长,取得更好的发展。孩子的教育如此,整个社会的发展亦如此。另外,这种方式也可以在家庭里实施。

我们家老大在上高中的时候，曾经为了学习日本文化，和同学、朋友一起访问了日本高中。在他的朋友们返美后的报告中，不仅写到了日本文化，还对日本的高中教育做出了这样的评价：

"日本的很多高中教育都认为考入大学才是第一位的，而在我们（美国）的高中，只要过了基准线就可以升入教学水平很高的大学。我们的教育目标是培育能在将来以某种形式对社会有贡献的人。"

高中生报告里的这个内容，只是这些孩子们与日本高中生短期接触后得到的片面认识，但是也可以体现出美国和日本的教育理念确实差异很大。

第五章 培养孩子树立"自立心"的方法

努力的人都是脚踏实地的

普通这个词让人感觉很单薄,所以很多人不想只做普通人。如果拥有其他人不具备的能力和魅力就能成为英雄,客观地评价起来,谁都可以成为英雄。

在日本,如果哪个孩子拒绝上学,大家只会觉得"不去上学可不是件普通事",从而强迫孩子去上学。但是,美国有一种教育的形式,就是老师可以上门来家里教孩子。当孩子觉得我想去学校上学的时候,可以随时上学。这并不是什么"不普通"的方式,也没有任何人会认为这样不好,或者是被特别对待。

在美国,大家普遍没有"普通或者不普通"的概念,也不会在意周围人的眼光和意见。日本人会觉得"变得普普通通就好"或者"跟别人一起就可以了",但美国人都不想变得普通,所以,美国的家长不会将"普通"这个词强加在孩子身上,也不希望自己家的孩子变成一个普通人。

我想在这样的环境下,就很少会出现日本那样的校园暴力,或者欺负人的现象了。这并不是说美国的校园里绝对不会出现

欺负人的行为，而是大家都会明明白白地告诉别人，到底是喜欢还是讨厌对方，也绝不会像日本那样，出现多数人结为一个集团去欺负集团外的孤立对象的现象。其实我认为，日本和美国最大的区别就是，在美国当自己与众不同或者具备别人不具有的能力时，是可以得到肯定的，别人会说："你怎么这么能干，连这个都懂？"因此对这个人感兴趣，再在对话中拉近彼此的距离。美国很少会出现日本那种集体暴力事件，或者恶意欺侮事件。

"那个孩子真恶心啊""真讨厌，我真不想和你打交道"，其实人的这种感情是不限国界的，哪里都有。当美国孩子看到从遥远的国家转学过来的我们家老大时，他们会觉得他总是沉默寡言，是个一句话都不说的家伙啊，我想我们家老大一开始确实会给人这种感觉。同时，我们家老大看美国孩子的时候，也会觉得"他们的头发怎么都是金色的呀，感觉真糟糕"。他们彼此都有这样的感觉，于是都敬而远之。

但是，那样的状况并没有持续多久。当大儿子的英语说得越来越流利，在体育课上跑得比谁都快时，大家都说："你可真厉害啊！"同时也会帮助他进行英语对话。在运动会上，大儿子大展才能，他的每个同学都为他高声加油。作为父母，看到孩子兴高采烈的样子真是为他高兴，也觉得特别骄傲。

"努力的人都是脚踏实地的"这个观点已经浸透了美国社会。**无论是运动也好，还是学习也好，当某个孩子具有某项长处时，大家都会真诚地为他拍手称赞，这就是大家"不会互相**

拆台，而是一起成长"的最好诠释。

无论是在学校学习，还是成人以后在公司工作，只要一个人具备了某项出众的能力就能被大家认可，并获得很高的评价，周围的人也会积极地给予支持。在大家的支持下，就有可能获得更多的机会，进而更加充满自信地努力工作。

当一个人具有他人没有的魅力时，就会成为受欢迎的人，或者是英雄。这一点我在美国实实在在地感受到了。

手记：

鳄鱼也能做主角

在美国，我们家老大有了第一次站在艺术会舞台上的机会。当时，我们全家老少都兴冲冲地出门观看演出，期待着孩子的出场。大家都嘀咕着："他可能下一个就出场吧，每个人都会有机会出场的，应该很快了吧。"我们在台下满怀期待地等待着，忽然舞台的照明暗下来了，从观众席传来了震天的欢呼声。我们听到大家都在高声叫着我们家老大的名字，我们心想："看来接下来就轮到我家儿子出场了，大家都如此高声欢呼，他扮演的一定是个厉害的角色。"我们凝神关注，可是照明半天都没有亮起，只看见舞台上有10个左右的人影在匆忙收拾着道具。在台上有一个好像现场监督的人站着，他比其他人高很多，身穿鳄鱼服，那就是我们家老大。我们作为父母简直目瞪口呆。"扮个鳄鱼就能有这么高的人气啊！"但是大家都大笑着，为孩子的出场感到特别兴奋。

扮演鳄鱼在台上演出其实是我们家孩子自己的心愿。所以，只要是自己选择的，他就充满了自信，什么角色都能快快乐乐地出演了。

第五章 培养孩子树立"自立心"的方法

每个孩子都会遇到父母不理解的事,作为父母应该敏锐地感受孩子情绪的变化,并多与他们交流。

活到老，学到老

为了成为自己理想的样子，就一条道走到底也可以。在社会实践中积累了经验之后，再学习也是可以的。只要拥有"想要学习"的态度，机会是随时都有的。

在美国，大家普遍有一种想法，就是一个人即使已经在公司就业了，如果想要学习，随时可以回到大学里深造。

当年轻人步入社会，在工作中积累了经验之后，又总会有许多人选择再次回到研究生院或者商学院、法学院继续学习。这些人往往是考虑到了自己将来希望呈现的模样，为了达到目标需要获得的知识，以及在现在的公司或者别的公司升职所需的能力。所以，如果对现在的自己感到不满意，无论年纪多大，都可以去社区学校听课，或者考虑回到大学接受高等教育。我认为这是美国一种很平常的人生理念。

很多人在工作中遇到瓶颈，或者想要挑战更高的职业水平时，就会利用工作所积攒的资金，争取获得更高级别的教育。在美国，有很多老师都是一边给孩子上课，一边上大学。

第五章　培养孩子树立"自立心"的方法

有些人并不能从一开始就如此行动，因为受教育确实需要大量金钱的支撑。另外，如果不具备一定的社会经验，一个人就不能够真正了解自己身上哪些地方有欠缺，哪些知识需要弥补。

为了使自己的特长能够充分发挥，为了能够真正实现自己的梦想，很多人都觉得"如果觉得有必要，即使已经工作了，也可以随时回到大学或研究机构再学习"，因为学习是可以延续的，是要持之以恒的。美国人抱有的这样的价值观和持续学习的态度，和日本人普遍认为的"学习结束后，成为社会人"这种概念是完全不同的。我想，如果说对学习的态度是美国人和日本人的差别，倒不如说是教育制度的差异。美国的教育是希望通过激发学生自由的想象力，通过有特色的小项目让孩子自主学习，在学校里充分获得自信后，带着这份自信和骄傲走向社会。

在日本，有不少人一生都擎着"某某大学研究生院毕业"的金字招牌；在这一点上美国就很不同，每个人想要接受高等教育的想法是很单纯的，他们并不是想到某所知名大学去"镀金"，学生在大学里接受严格的教导，其学习的成果就相当于在毕业后接受的社会评价，所以每个学生都拼命学习，学历可以证明这个人具有什么水平，这才是学历真正的意义所在。

可以说，这就证明了美国的教育是更重视实质而不是形式。日本教育制度不仅要与国际社会的教育制度融合，而且要提高整体的教育水平，才能显现优势。我们与美国社会站在同一竞技场上的日子不远了，那时候"是哭还是笑，都要靠自己"。

各位家长朋友，你们要意识到孩子以后面临的社会现实，他们通过多年苦读要达到的目标已经和我们当初完全不同了，认清这一点是实现孩子幸福生活的第一步，请大家一定不要忘记。

第五章 培养孩子树立"自立心"的方法

父母的陪伴,是最好的教育。

结语

每个孩子其实都和养育自己的父母是相似的，正因为如此，无论父母的教育方式是怎样的，都会一直影响孩子的成长和发展。

每当我看到自己家这几个孩子时，总会发现某处和我或者丈夫非常相似，也总会情不自禁地感叹："这基因啊，真是不服不行！"最近我发现，就连我们家的宠物，那条刚刚出生才一周的柴犬哈皮君都和我们家那几个孩子越来越像了。我深深地感觉到，父母的育儿方法对于孩子的影响是如此之大。

其实在我家的育儿过程中，有一点是我要反省的。由于丈夫在家里的工作时间长，所以，为了转换心情，我们常常带着全家老少外出下馆子。当时我会觉得外出就餐让我这个当妈妈的十分轻松，不过如果我稍微努力一点，在家做料理的话，可能我们家老大不吃洋葱的习惯就能改变了。我觉得，亲手做的家

结 语

庭料理饱含着父母对于子女的爱。尤其是最近，每当我回忆起自己的小时候，想到妈妈给我做的每餐饭时，总会体会到母亲浓浓的爱意。

尽管如此，全家老少外出下馆子，或者和朋友熟人在一起用餐，都是我们一家人共同的乐趣。我们家老大和老二非常喜欢就餐的过程，对于他们来说，就餐的乐趣不仅仅在于美味的料理，更在于与家人朋友一起相伴的美好时光。

其实育儿方式多种多样，每个人感受到的成就感和幸福感也并不相同，即使我们做家长的费尽心思，想做到完美的育儿，很多情况下结果也会不尽如人意。但是，如果父母在育儿过程中，不是为了孩子一味压抑自己的需求，而是跟孩子一起体会人生中的美好，不是一味让自己陷入疲惫状态，而是为自己的挑战而积极地生活，我想，这样的人生才是无悔的人生。

请各位家长以纯净、明亮的心态，大大方方地和孩子携起手来，享受整个育儿过程。然后，和自己的孩子统一步调，充满自信，大步前进。其实在我们家里，作为家长的父亲也有像孩子一样任性的时候，这时，我就只能睁一只眼闭一只眼了。虽然我们夫妻间偶尔会有摩擦，但一直和睦相处，能看到父母相亲相爱的样子，对孩子来说才是最好的教育。

孩子小的时候是最可爱的，所以那时候我总是十分期待明天会发生什么，明天不知道哪个孩子会带给我惊喜。即使我现在闭上眼睛，眼前也总能浮现出孩子们的身影，我的儿子和女儿脑袋碰脑袋在一起嘀咕的样子，左顾右盼地对着我眨眼睛的样子，还有兴冲冲跑到外面疯玩的样子，这都令我忍俊不禁。

在我执笔之际，深受PHP集团的高岛纪子编辑的照顾，我们一起度过了很多愉快的时光。另外，我也想对我们家的三个孩子说："谢谢你们让我的整个人生更加丰富多彩！"

森田友代